当代人力资源管理系列教材同步综合练习

国际劳动力市场与海外就业

同步综合练习

主　编　曹宗平

副主编　王　颖　叶文清

李军华

科学出版社

北　京

内 容 简 介

本书是为了配套当代人力资源管理系列教材《国际劳动力市场与海外就业》而编写的教学练习册。编写的目的是帮助读者总结和巩固国际劳动力市场与海外就业的课程知识，提高读者的应试能力。全书依据“国际劳动力市场与海外就业”考试大纲、按最新体例分章节进行编写，并编写多套全真模拟演练题，便于读者自测知识掌握情况，更加扎实地掌握学习内容。

本书可作为广东省高等教育自学考试“国际劳动力市场与海外就业”配套用书，也可作为普通高等院校经济管理类专业学生的学习参考书。

图书在版编目(CIP)数据

国际劳动力市场与海外就业同步综合练习/曹宗平主编．—北京：科学出版社，2016.1

当代人力资源管理系列教材同步综合练习

ISBN 978-7-03-046804-8

Ⅰ.①国…　Ⅱ.①曹…　Ⅲ.①国际劳务市场-劳动就业-高等学校-习题集
Ⅳ.①F746.18-44②D582-44

中国版本图书馆 CIP 数据核字（2016）第 002282 号

责任编辑：张　宁 / 责任校对：何艳萍

责任印制：赵　博 / 封面设计：蓝正设计

科学出版社出版

北京东黄城根北街 16 号

邮政编码：100717

http://www.sciencep.com

北京厚诚则铭印刷科技有限公司印刷

科学出版社发行　各地新华书店经销

*

2016 年 1 月第　一　版　开本：787×1092　1/16

2025 年 2 月第五次印刷　印张：9 1/2

字数：225 000

定价：38.00 元

（如有印装质量问题，我社负责调换）

编写说明

本书是为了配套当代人力资源管理系列教材《国际劳动力市场与海外就业》而编写的教学练习册。“国际劳动力市场与海外就业”作为广东省高等教育自学考试人力资源管理（本科）专业必考的专业课，是为了培养和检验自学应考者的“国际劳动力市场与海外就业”的基本理论、基本知识和基本技能而设置的一门基础课。本门课程所使用的教材为曹宗平主编、科学出版社 2015 年 6 月出版的《国际劳动力市场与海外就业》。

编写依据：

1. 广东省高等教育自学考试指导委员会颁布的《国际劳动力市场与海外就业》；

2. 广东省高等教育自学考试指导委员会指定教材《国际劳动力市场与海外就业》（科学出版社出版，曹宗平主编）。

本书的特点：

1. 以考试大纲规定的考试内容、考核知识点和考核要求为线索，按最新体例分章节进行编写。每章均列有考核内容，并将每一章节可能出现的考核知识按考试题型编写练习题，以便考生扎实、准确地掌握本章内容。

2. 本书含多套全真模拟演练题，贴近全真试题，命题科学，解答准确，便于考生模拟考试、自测知识掌握情况。

书中难免有疏漏之处，恳请读者批评指正。

《国际劳动力市场与海外就业》编写小组

2015 年 12 月

目　录
Contents

第1章 海外劳动力就业概述

考核内容

本章主要阐述了海外劳动力就业的概况。主要考核内容包括：人口国际迁移历史的三个阶段及其阶段特征；当前世界上最主要的移民目的国与来源国；当前各大洲劳动力市场的主要特征；国际劳务输出及国际移民的定义；当今国际移民的主要类别；庇护性迁移两种类型的区别；国际移民产生的原因；全球北—南流向移民增长的主要原因；国际劳动力流动的三个阶段；劳动力国际流动的两种形式；劳动力国际流动方向的一般规律；劳动力资源国际流动的经济效益分析；用图形表示劳动力国际流动，并分析劳动力国际流动的利益分配；劳动力国际流动对流入国和流出国的经济效应；劳动力资源国际流动的微观和宏观经济动因；国际劳动力流动的发展趋势。

一、国际移民的发展沿革及世界主要劳务市场

（一）国际移民的历史

人口国际迁移历史的三个阶段及各个阶段的特点如下。

第一阶段：16世纪至19世纪上半叶，即西欧殖民统治时期。

第二阶段：19世纪中叶到20世纪中叶，即西方国家工业化和殖民地开发时期。

第三阶段：进入全球化时代以来，即20世纪70年代以后。

（二）国际移民的现状

（1）国际移民的主要趋势。

（2）移民的主要目的国和来源国。

（三）世界主要劳务市场

（1）欧美市场。

（2）亚洲市场。

（3）非洲市场。

（4）拉美市场。

（5）大洋洲市场。

二、国际劳务输出和国际移民

（一）国际劳务输出和国际移民的含义

1. 国际劳务输出

国际劳务输出是指劳动者从一国向另一国或国境外的某一地区转移，在外国或外地劳动，同时获得劳动收入。按国际惯例，这部分劳动者被称为移民工人。根据国际劳工组织的定义，移民工人是由一国移居另一国，以个人就业为目的的人员，他们不拥有雇佣国的公民资格。

2. 国际移民

国际移民是指离开本人祖籍国或此前的常住国，跨越国家边界，迁徙到另一国家的人。广义的国际移民包括所有跨国流动人员，不受迁徙原因、迁徙时间和迁徙空间限制。狭义的国际移民指以定居为目的，迁徙至另一国家并居留12个月以上的人员。就一个国家现代化建设而言，国际移民应取广义含义，因为任何一种跨国流动人员都会对国家的现代化建设产生影响，只是影响的性质和程度不同。

（二）国际移民的分类

按不同标准，国际移民分为以下七大类型。

（1）以迁移的数量为准，分为小群体迁移、大规模迁移。

（2）以迁移的距离为准，分为短程迁移、长途迁移或跨洋迁移、洲际迁移。

（3）以迁移的动机为准分为生存性迁移、发展性迁移或自愿迁移、被动迁移。

（4）以法律角度衡量分为合法迁移、非法迁移或正规迁移、非正规迁移。

（5）以时间为序分为短期迁移、长期迁移或临时迁移、永久迁移。

（6）以迁移者的身份为准分为独立迁移、依附迁移或工作迁移、家庭团聚迁移、避难迁移、学习迁移。

（7）以跨国迁移者的目的为主要分类标准划分为工作性、团聚性、学习性、投资性、休闲性和托庇性等六大类迁移。①工作性迁移——技术移民、合同移民工、季节性移民、非固定移民、项目制移民、边境工人、往返流动移民。②团聚性迁移，以以色列为例。③学习性迁移，以日本为例。④投资性迁移。⑤休闲性迁移。⑥托庇性迁移。

（三）国际移民产生的原因

1. 全球化的后果

（1）随着全球化的日益加深，国际移民不论是规模、范围、模式、原因还是影响等都有了许多新的变化。国际移民伴随着资本、商品、文化、信息等要素的加速流动而不断增加，移民也是全球化的表现之一。

（2）现代化的通信工具使人们极为直观、迅速地目睹富裕和安全等方面的巨大差异，而快捷安全的交通工具又为人们的跨国流动提供了前所未有的便利。

（3）文化的日益全球化特别是西方强势文化的全球性扩张，也进一步造成了国际移民数量的居高不下。

2. 经济上的原因

国际移民最显著的原因在于世界各地区经济发展的不平衡，在于收入、就业、社会福利等方面存在的差异。

3. 发达国家自身经济体制内的原因

（1）发达国家的工人不愿意从事低报酬、不稳定、没有技术的工作，而这种对初级劳工的需求又不能像以前那样由妇女和童工来满足了。

（2）许多人属于无证或非法移民，也不得不从事这类工作。

4. 政治方面的原因

政治方面，诸如外部强权介入、国家领土的变更、政权的更迭、种族或民族矛盾冲突所导致的动乱和战争，以及政治和宗教迫害等，都直接造成当代规模巨大的难民潮。

5. 跨国移民网络的原因

移民或返乡移民同亲友同胞的种种联系并不因迁移而中断，迁居国外者反而会更重视与其母国的联系。由于这种移民网络的存在，先前移民的那些人对仍留在家乡的亲友产生很大的示范效应。

6. 西方国家移民政策的原因

西方某些国家的公民入籍法律和政策，在一定程度上也鼓励了国际移民的迁移，此外，一些西方国家定期或不定期地颁布对非法移民的大赦法案，使得大量移民通过非法途径先进入这些移民国家并设法待下来，然后等待大赦，或再通过其他法律途径获得合法身份。西方国家有关难民方面的法律及避难政策，对“政治避难者和申请避难者”极为宽松，使得许多非法移民通过申请避难的方法就可以较容易地获得合法身份，这也导致了国际难民的不断增长。

(四) 当代国际移民的特征

(1) 国际移民的频率提高、数量增加。

(2) 女性移民的数量日益增加。

(3) 国际移民的流向发生变化。

(4) 移民的素质要求在提升，移民政策的重心朝吸引科技人才方向倾斜。

(五) 当代国际移民发展趋势

(1) 南—北流动是国际移民的第一大流向。

(2) 南—南国家间的移民是国际移民的第二大流向。

(3) 北—北国家间的移民是国际移民的第三大流向。

(4) 北—南移民在移民总数中的占比较低。

三、国际劳动力资源流动

(一) 国际劳动力资源流动的概念

劳动力的国际流动是生产要素国际流动的一种类型，是劳动力这种生产要素跨越国界而被优化配置到世界的其他地方。这里指的劳动力资源国际流动有别于一般的国际人员交往，如探亲访友、旅游和公务出差等。

(二) 国际劳动力流动的历史过程

国际劳动力流动分三个阶段。

(1) 第一阶段，从哥伦布发现美洲大陆到第一次世界大战前的几百年间，国际劳动力的主要流向是从亚非国家流向欧美新兴资本主义国家。

(2) 第二阶段，从第一次世界大战开始到第二次世界大战结束、在此阶段，国际上的正常移民大大减少，战争劳务开始出现并大为发展。

(3) 第三阶段，从第二次世界大战结束后到现在，在战后经济恢复时期，西欧各国为弥补劳动力不足，吸收了大量移民。

(三) 劳动力国际流动的形式

永久移民式的劳动力国际流动和中短期的劳动力国际流动。

1. 永久移民式的劳动力国际流动

永久移民式的劳动力国际流动一般是同人口的国际迁移结合在一起的，也就是迁居国外，一般不再返回。

2. 中短期的劳动力国际流动的含义

中短期的劳动力国际流动是指一国根据国家间签署的有关合同派遣有关人员到劳动力输入国履行合同，一旦完成合同规定的任务后即刻返回，劳动力在国外滞留时间不像移民那样长久，更不像移民那样一去不复返。

（四）劳动力国际流动的方向

劳动力报酬的地区差异是影响劳动力国际流向的根本原因。劳动力国际流动的方向：①从经济发展停滞的地区流向经济发展欣欣向荣的地区；②从非工业化地区流向工业化地区；③从经济低速增长的地区流向经济高速增长的地区；④从低工资地区流向高工资地区。

（五）劳动力资源国际流动的经济效益分析

（1）劳动力国际流动的图形表述。

（2）劳动力国际流动的利益分配。

（3）对流入国和流出国的经济效应，分负面和正面效应两方面。

（4）劳动力资源国际流动对各国的经济影响。

（5）劳动力资源国际流动的动因，分微观和宏观两方面。

（6）劳动力国际流动的政策含义。

（7）国际劳动力流动的发展趋势。

重点和难点

本章应掌握的主要知识点包括：（1）世界主要劳务市场；（2）国际移民的分类；（3）国际移民产生的原因；（4）当代国际移民发展趋势；（5）劳动力资源国际流动的经济效益分析；（6）国际劳动力流动的发展趋势。

同步综合练习题

一、单项选择题

1. 16世纪至19世纪上半叶的国际迁移模式是（　　）。
   A. 线性的单向流动　　B. 非线性的单向流动
   C. 非线性的双向流动　　D. 线性的双向流动
2. 亚洲历史上最大的一次国际人口迁移也因（　　）两国的分治而爆发。
   A. 以色列和巴勒斯坦　　B. 英国和法国
   C. 伊朗和伊拉克　　D. 印度和巴基斯坦
3. 截至2013年，国际移民目的地接受移民最多的国家是（　　）。
   A. 德国　　B. 俄罗斯
   C. 美国　　D. 英国
4. 中国对外劳务输出的主要市场是（　　）。
   A. 欧美市场　　B. 大洋洲市场
   C. 非洲市场　　D. 亚洲市场
5. 根据国际劳工组织的定义，移民工人是由一国移居另一国，目的是谋求（　　）。
   A. 个人教育　　B. 个人就业
   C. 个人交流　　D. 个人旅游
6. 狭义的国际移民是指以定居为目的，迁徙至另一国家并居留（　　）个月以上的人员。
   A. 3　　B. 6　　C. 9　　D. 12
7. 进入2000年后，吸引移民最多的地区是（　　）。
   A. 欧洲　　B. 北美洲　　C. 亚洲　　D. 大洋洲
8. 现代科技发展日新月异，日益成为国际劳务市场发展主力的劳务类型是（　　）。
   A. 能源型劳务　　B. 劳动密集型劳务
   C. 技术型劳务　　D. 要素性劳务
9. 劳动力国际流动的方向与劳动力国际流动的原因密切相关，即主要的联系因素是（　　）。
   A. 政治因素　　B. 经济因素
   C. 文化因素　　D. 科技因素
10. 当今家庭团聚类跨国移民激增的主要原因是（　　）。
    A. 移民网络的存在和发展　　B. 宗教
    C. 语言　　D. 血缘
11. 研究资料表明，发展中国家最可能外迁的人群是（　　）。
    A. 高收入人群　　B. 中等收入人群
    C. 低收入人群　　D. 无收入人群
12. 目前中国国际劳务输出的主要市场是亚洲区域，特别是东亚和东南亚，占外派劳务总量的（　　）。

A. 二分之一　　B. 四分之三

C. 五分之三　　D. 五分之四

二、多项选择题

1. 进入全球化时代以来，第三次科学技术革命使各国之间的科技文化和经济贸易的交流联系更加频繁，同时也加大了国际上（　　）的流动量。

A. 商品　　B. 人员　　C. 资本　　D. 信息

E. 技术

2. 世界主要劳务市场有（　　）。

A. 欧美市场　　B. 亚洲市场

C. 非洲市场　　D. 拉美市场

E. 大洋洲市场

3. 当今国际移民分类呈现出多种不同类型，其中以迁移的动机为准，可区分为(　　)。

A. 生存性迁移　　B. 发展性迁移或自愿迁移

C. 被动迁移　　D. 短程迁移

E. 独立迁移

4. 当今国际移民迁移类型中以跨国迁移者的目的为主要标准分为（　　）。

A. 工作性迁移　　B. 团聚性迁移

C. 学习性迁移　　D. 投资性迁移

E. 休闲性和托庇性迁移

5. 劳动力资源国际流动的方式主要有（　　）。

A. 出国旅游　　B. 移民迁移

C. 出国考察　　D. 探亲

E. 出国留学

6. 从经济方面来说，劳动力的国际流动能够引起的变动因素是（　　）。

A. 国民生产总值　　B. 国民总收入

C. 国内社会保障　　D. 工资水平

E. 世界生产总值

7. 发展中国家都有一个共同点，就是相对来说（　　）。

A. 经济发展过慢　　B. 劳动力成本高

C. 人口增长过快　　D. 劳动力市场供大于求

E. 失业问题比较突出

8. 劳动力流动继续保持较快增长的原因有（　　）。

A. 各国对劳动力流动的限制逐步放松

B. 经济全球化的发展

C. 国家间依存度的增加

D. 交通运输的改善

E. 许多发达国家人口增长率低和劳动力成本高

9. 对于发展中国家来说，有必要采取措施降低高技术人才的税负水平，包括（　　）。

A. 增加个人所得税的最高边际税率
B. 降低个人所得税的最高边际税率
C. 减少累进性个人所得税税率的累进性
D. 累进的个人所得税税率改为线性的比例税率
E. 增加累进性个人所得税税率的累进性

10. 人才要实现国际流动，必然要付出一定的代价，这些代价就形成了劳动力资源流动的成本，主要包括（　　）。
A. 直接成本　　B. 机会成本
C. 心理成本　　D. 沉没成本
E. 风险成本

11. 劳动力资源国际流动改变了劳动力资源在不同国家的配置格局，对流入国的正面影响有（　　）。
A. 国外人才的进入使国内该类劳动就业人员数量减少
B. 对流入国的人才供给，尤其是流入国居民不愿从事的工作提供有效补充
C. 国外人才的流入促进了流入国经济的快速发展
D. 导致劳动力市场供给总量增加，生产该类产品和服务的数量增加，价格下降，有利于消费者
E. 劳动力资源的流入增加了流入国的人力资本总量，在没有增加投入的情况下能够获得较高的收益，这无疑将有利于流入国的长期经济发展

12. 劳动力国际流动的形式大致可以分为两类，主要是（　　）。
A. 永久移民式的劳动力国际流动　　B. 暂时性的劳动力国际流动
C. 长期劳动力国际交流　　D. 中短期的劳动力国际流动
E. 中长期的劳动力国际流动

三、名词解释

1. 国际劳务输出
2. 国际移民
3. 技术移民
4. 项目制移民工
5. 边境工人
6. 托庇性迁移
7. 科技人员
8. 永久移民式的劳动力国际流动
9. 中短期的劳动力国际流动

四、简答题

1. 国际人口迁移在两次世界大战后进入了一个新的历史时期，具体表现在哪些方面？
2. 简述国际移民产生的原因。
3. 简述当代国际移民的特征。

4. 简述当代国际移民的发展趋势。

5. 简述北—南流向移民增长的主要原因。

6. 简述劳动力国际流动的主要形式。

五、论述题

1. 分析劳动力资源国际流动的经济效益。

2. 试述国际劳动力流动的发展趋势。

六、案例分析题

美国是一个年轻的国度，充满活力与朝气，与美国是一个“移民之邦”有直接的联系，由于移民的开拓精神和冒险意识，美国成为一个繁荣富强、高度发展的国家。根据移民史的观点，在早期的或者长距离的、动乱时期的迁移中，能够达到终点并且生存繁衍下来的，往往是体力和智力上都占据优势的那一部分人。经常迁移的人口较少有狭隘的地域观念、乡土观念和保守思想，容易接受新思想、新观念和新技术。在美国，许多迁入者具有较高的生产知识水平和技能，解决了接受国相应专业人员短缺的困难，起到促进接受国经济社会发展的作用。在美国，所有外国出生的成年人中至少有 42%的人受过高等教育，这些人中的 23%具有硕士学位。据估计，美国大学生取得学士学位需花费约 10 万美元，大学毕业以后再取得硕士学位需花费约 5 万美元，进而再取得博士学位还需花费 5 万美元以上。换言之，一个学生取得硕士学位共需花费 15 万美元，取得博士学位共需花费 20 万美元以上。所以一些美国学者也承认“美国经济从整体上得益于那些国外出生的科学家和工程师移民”。美国的亚洲和拉美移民是美国经济发展的支柱。一项研究表明：“合法和非法移民不是美国经济的负担，他们每年为美国经济做出的贡献价值 100 亿美元。”亚洲的移民是美国可以利用的人才网。美国硅谷的公司有许多是由印度人或中国人开办的。印度每年有 10 万名信息技术专业人员获得前往美国工作 6 年的特殊临时签证。1990 年在美国的印度人已达 68 万人，现在全美共有 100 万印度裔美国人，其中有 8 万～10 万住在华盛顿地区，而大多数又与弗吉尼亚州和马里兰州的高科技密集区有关。1999 年，大约 30 万印度裔美国人在硅谷的高科技公司工作，他们的总收入达 600 亿美元。斯坦福大学经济学家多萨尼说：“硅谷的印度裔美国人中有技师，更有业主和经理，他们启动了超过 15%的高科技企业。”许多华人也进入闻名于世的美国硅谷，他们对美国高科技的发展做出了重要贡献。“硅谷里有 30 多家公司是由中国人开办的，他们来自清华大学。”这些公司规模虽小，但发展迅速，业绩良好。这一类华资高科技企业，受到美国企业界的重视。在王安公司失败之后，继之而起的又有实力强大且有发展前途的王嘉廉的国际电脑联合公司、杨致远创办的雅虎电脑软件公司等。

资料来源：李其荣 . 2007. 国际移民对输出国与输入国的双重影响 . 社会科学，(09)。

【问题讨论】

结合案例材料，运用教材中的相关专业知识讨论：国际移民对美国有什么影响。

参考答案

一、单项选择题

1. A　2. D　3. C　4. D　5. B
6. D　7. A　8. C　9. B　10. A
11. B　12. B

二、多项选择题

1. ABCDE　2. ABCDE　3. ABC　4. ABCDE　5. BE
6. ABDE　7. ACDE　8. ABCDE　9. BCD　10. ABCE
11. BCDE　12. AD

三、名词解释

1. 国际劳务输出：劳动者从一国向另一国或国境外某一地区转移，在外国或外地劳动，同时获得劳动收入。按国际惯例，这部分劳动者被称为移民工人。

2. 国际移民：离开本人祖籍国或此前的常住国，跨越国家边界，迁徙至另一国家的人。广义的国际移民包括所有跨国流动人员，不受迁徙原因、迁徙时间和迁徙空间限制。

3. 技术移民：符合接纳国相关规定的高技术移民工人，能够得到比其原居国更好的待遇或自认为更合适的发展机会，一般在居住期限、改换工作及家庭团聚等方面均享有优惠待遇。

4. 项目制移民工：由移民工人的雇主带往他国，在一定时期内从事特定项目工作的工人。

5. 边境工人：保持自己在本国国境内的居住地，但一般每天或至少每周一次往来穿梭于在邻国边境地区的工作地点与家庭所在地之间。

6. 托庇性迁移：通过迁移以获得另一国的保护。

7. 科技人员：具备科技领域的高等教育学历且属于科技职业的工作者，具体包括学术人员及科学家、工程师及技师、管理者及执行者、企业家、学生等。

8. 永久移民式的劳动力国际流动：一般是同人口的国际迁移结合在一起的，也就是迁居国外，一般不再返回。

9. 中短期的劳动力国际流动：一国根据国家间签署的有关合同派遣有关人员到劳动力输入国履行合同，一旦完成合同规定的任务后即刻返回，劳动力在国外的滞留时间不像移民那样长久，更不像移民那样一去不复返。

四、简答题

1. 具体表现在三个方面。

(1) 国际迁移在政治性方面的表现急剧增加。东欧各国因战后欧洲重新划定国家边界，出现了人口互相迁入迁出的现象；原西欧殖民者也因非洲国家纷纷取得独立被迫返回祖国。

(2) 迁移流向发生了巨大变化，大批欧洲人从殖民地返回故土。

(3) 欧洲人的回迁及外籍劳工的迁入使得其由过去的人口净迁出地变成了人口净迁入地。

2. 国际移民产生的原因如下。

(1) 全球化的后果。国际移民伴随着资本、商品、文化、信息等要素的加速流动而不断高涨，移民也是全球化的表现之一，现代化的通信工具使人们极为直观、迅速地目睹富裕和安全等方面的巨大差异，而快捷安全的交通工具又为人们的跨国流动提供了前所未有的便利，文化的日益全球化特别是西方强势文化的全球性扩张，也进一步造成了国际移民数量的居高不下。

(2) 经济上的原因。国际移民最显著的原因在于世界各地区经济发展的不平衡，在于收入、就业、社会福利等方面存在差异。

(3) 发达国家自身经济体制内的原因。发达国家的工人不愿意从事低报酬、不稳定、没有技术的工作，而这种对初级劳工的需求又不能像以前那样由妇女和童工来满足。加之，许多人属于无证或非法移民，也不得不从事这类工作。

(4) 政治方面的原因。诸如外部强权介入，国家领土的变更、政权的更迭、种族或民族矛盾冲突所导致的动乱和战争，以及政治和宗教迫害等，都直接造成了当代规模巨大的难民潮。

(5) 跨国移民网络的原因。基于宗族、语言、宗教、血缘等共同性而形成的各种移民网络，可以为后来者提供各种形式的支援，如提供信息、经济帮助、工作介绍、住宿等，这就大大降低了移民的成本和风险。

(6) 西方国家移民政策的原因。西方某些国家的公民入籍法律和政策，在一定程度上也鼓励了国际移民的迁移，另一个是非法移民的加剧。

3. 当代国际移民的特征有四点。

(1) 国际移民的频率提高、数量增加。

(2) 女性移民的数量日益增加。

(3) 国际移民的流向发生变化。

(4) 移民的素质要求在提高，移民政策的重心朝吸引科技人才方向倾斜。

4. 当代国际移民发展趋势有四点。当今世界人口的跨境迁移，无论是距离之远、流量之大乃至构成之丰富，都超过了历史上的任何一个时代，具体来说，1990～2013 年国际移民四种流向呈现以下发展趋势。①由南向北的流动是国际移民的第一大流向，但所占比例并没有人们想象的那么高。②南—南国家之间的移民是国际移民的第二大流向，其所占比例与南—北流向接近。③北—北在国际移民中占有重要地位，说明并非所有的移民都迁移到发达国家。④北—南移民在移民总数中占少数。

5. 北—南流向移民的增长主要有以下几个原因。

(1) 南方的经济机会增多。北方的金融和经济危机及南方新兴经济体对技术劳动力需求的不断增长，是北—南移民增加的部分原因。

（2）跨国公司在全球特别是南方的扩张，为北方的技术工人创造了越来越多的职位。

（3）出生于北方的移民回归南方祖籍国的规模在一些国家有显著增长。

（4）在非经合组织国家留学的学生增长速度超过了经合组织国家。

（5）越来越多的北方人退休后为了寻求温暖的气候和更低的生活成本而移民南方，成为退休移民。

6. 劳动力国际流动的形式大致可以分为两类：永久移民式的劳动力国际流动和中短期的劳动力国际流动。首先，永久移民式的劳动力国际流动一般是同人口的国际迁移结合在一起的，也就是迁居国外，一般不再返回。其次，中短期的劳动力国际流动是指一国根据国家间签署的有关合同派遣有关人员到劳动力输入国履行合同，一旦完成合同规定的任务后即刻返回，劳动力在国外的滞留时间不像移民那样长久，更不像移民那样一去不复返。

五、论述题

1. 答案要点。

（1）对流入国的经济效应。①负面效应，国外人才的进入的确使国内该类劳动就业人员数量下降。②正面效应，首先，由于各种主客观原因，流入的国外人才刚开始所从事的往往是流入国人才供给不足或是流入国居民不愿从事的工作，这是对流入国人才供给的有效补充；其次，国外人才的流入促进了流入国经济的快速发展，人才需求曲线向右移动，促使生产和就业水平上升，居民收入总量上升，对商品和服务的购买力增加；再次，以上过程导致劳动力市场供给总量增加，生产该类产品和服务的数量增加，价格下降，有利于消费者；最后，动力资源的流入增加了流入国的人力资本总量，在没有增加投入的情况下能够获得较高的收益，这无疑将有利于流入国的长期经济发展。

（2）对流出国的经济效应。①正面效应。首先，开阔视野和了解他国管理模式、市场信息的过程；其次，有利于增加外汇收入，促进各国之间的经贸合作和科技、教育、文化等方面的交流；最后，劳动力资源的回流将会传递世界范围内的消费示范，影响本国居民的消费方式，增加消费需求弹性。②负面效应，劳动力资源国际流动对输出国有显而易见的消极作用，最主要的是“人才外流”、“智力外流”。尤其是发展中国家，教育经费有限，教育成本中很大一部分是国家负担，教育等级越高，国家负担的开支越大。

（3）劳动力资源国际流动对各国的经济影响：一方面，劳动力资源国际流动直接导致生产要素的国际流动；另一方面，劳动力资源国际流动对各国经济增长有促进作用。

（4）劳动力资源国际流动的动因：微观上，个人净收益的比较、生活收入与出国留学、个人所得税的影响；宏观上，经济总量、产业结构、研究与开发和教育水平的影响。

（5）劳动力国际流动的政策含义：劳动力的国际流动，从总体上能够提高世界的福利水平，因此，从理论上来说，无论是发达国家还是发展中国家，都应当予以鼓励。

2. 答案要点。

（1）劳动力流动继续保持较快增长，国际劳务合作空间广阔，从存量和劳务政策两方面分析。

（2）国际劳动力流动方向呈现多样化：一般来讲，国际劳动力的流动方向是从发展中国家流向发达国家。

（3）普通型劳动力的流动趋缓，技术型劳务限制放宽：一些国家和地区奉行保护主义政策，主要是针对普通劳务人员入境设限，从发展趋势看，这种状况不会有太大改观，技术型劳务会日益成为国际劳务市场发展的主力。

（4）服务业劳务需求明显增长：随着经济发展和生活水平的提高，发达国家和较发达国家的产业结构发生了很大变化，服务业的比重不断上升，社区及公共服务行业的劳动力出现短缺。

六、案例分析题

结合案例材料并参考教材中的相关内容作答。

（1）移民为美国节省教育费用，相当于增加了美国的国内人力资本投资。在美国，一个学生取得硕士学位和博士学位的花费很高。移民在很大程度上降低了美国的教育费用，特别是高技术人才移入美国弥补了一些高端岗位的空缺，美国便不再需要培养大量的本土人才，并且可将这笔资金投入其他领域。

（2）移民对美国的人才供给作了有效补充。在美国，许多迁入者具有较高的生产知识和技能，解决了美国相应专业人员短缺的困难。起到了促进美国经济社会发展的作用。

（3）移民增加了美国的人力资本总量，有利于美国的长期经济发展。在美国，亚洲和拉美移民是美国经济发展的支柱，他们在美国创办公司，促进了美国经济的长期发展。

第2章 亚洲典型国家的劳务输出

考核内容

本章主要阐述了亚洲典型国家的劳务输出情况。主要考核内容包括：印度促进劳务输出的具体措施及对本国经济的影响；巴基斯坦劳动输出政策及其影响；菲律宾对本国劳务输出的组织和管理；泰国劳务输出概况、管理政策及影响；孟加拉国劳务输出概况、管理政策及影响；印度尼西亚劳务输出概况、管理政策；韩国劳务输出概况、管理政策及影响；亚洲国家劳务输出的特点和实践经验。

一、印度劳务输出概况

(一) 输出概况

印度拥有丰富的人力资源。随着全球信息技术的发展，印度对外劳务输出的结构中，非技术工种的比例减少，而各类熟练工人、技术人员和专业人员日渐增多，软件和医务人员成为印度最具竞争力的劳务输出领域。

(二) 印度劳工五大优势

(1) 语言优势。

(2) 普遍能吃苦，服务意识强。

(3) 印度的高等教育水平较高。

(4) 人际关系网络较为健全。

(5) 人力资源相当丰富，劳动力便宜。

(三) 印度促进劳务输出的措施

(1) 印度政府重视人才输出。

(2) 对劳务输出人员的管理极为细致严格：①对境外劳务输出进行分类管理；②法律对劳务输出方式的规定。

(3) 完善的投诉机制。

(4) 积极的政府间协议。

(5) 政府十分重视人才培养。

(6) 印度劳务输出的重点是新型劳务人才。

(四) 劳务输出对印度的影响

(1) 对经济方面的影响——侨汇，移民在印度的家庭经济状况得以改善，这增加了当地消费，并带动当地的公共设施建设和公共服务质量的提高。

(2) 对社会文化方面的影响：一方面是移民网络和移民文化的形成；另一方面，是对传统社会文化和家庭观念的冲击。

二、巴基斯坦的劳务输出

(一) 巴基斯坦劳务输出概况

(1) 20 世纪五六十年代，巴基斯坦人利用移民链移民英国和其他欧洲国家。

(2) 20 世纪 70 年代后，巴基斯坦人开始进入中东劳务市场。

(3) 20 世纪 90 年代后，部分巴基斯坦人开始移民日本、马来西亚。

(二) 巴基斯坦劳动输出政策

(1) 巴基斯坦主要通过五种方式输出劳务。①由移民和海外就业局和巴基斯坦就业公司与劳务输入国签订劳务合同和议定书，按合同要求有计划地安排劳务输出。②对于未签订合同的劳务输入国则可由输入国劳务机构赴巴挑选。③由私人劳务招募代理人承办劳务输出，代理人与外国企业签订合同后，再由外国政府发给就业签证，巴基斯坦政府即可批准出国。④通过国外亲友介绍出国。⑤非法移民出国谋生。

（2）巴基斯坦政府历来都很重视劳务输出工作。

（3）设立专门机构管理。①实施福利援助计划，鼓励海外就业。②对归国劳工实行积极的重新安置就业计划。③建立海外巴基斯坦人基金会。

（三）劳务输出对巴基斯坦经济的影响

（1）对国家经济的影响：大批劳工赴海外为巴基斯坦汇回平衡国际收支的大量外汇，为巴基斯坦的经济发展作出贡献。

（2）对社会结构的影响：劳务输出对社会结构的影响主要体现在人们社会地位的改变和人口行业分工的改变。

三、菲律宾的劳务输出

（一）菲律宾劳务输出概况

菲律宾主要输出护士、海员、建筑工人和家庭女佣。

（二）菲律宾对本国劳务输出的组织和管理

（1）利用大众传媒，为个人赴海外工作提供充足的就业信息。

（2）菲律宾劳务输出完善的立法制度，如 1995 年《海外劳工与海外菲人法》（No. 8042 共和国法）。①加强海外菲劳的就地管理；②促进回国工人再就业。

（3）对海外劳工的保障制度。

（4）对劳务人员高效的培训体系。

（5）对劳务输出的财政支持。

（6）给予劳工崇高的政治荣誉。

（7）支持私营劳务输出机构开展业务。

（8）实施福利援助计划，鼓励海外就业。

（三）劳务输出对菲律宾经济的影响

（1）获得巨额的外汇收入，改善国际收支平衡。

（2）“联合输出”，带动了一批工业制品和其他产品的出口，从而增加了外汇收入。

（3）劳务输出也缓和了国内失业问题的压力，提高了海外就业者的工资收入。

四、泰国的劳务输出

（一）泰国劳务输出概况

泰国外派劳工的受教育程度大多较低，但这些劳工的外派给泰国创造了大量就业机会，也创造了大量外汇。

（二）泰国劳务输出管理政策

（1）法律制度：1985 年的《就业补充及劳动保护法案》。

（2）劳务输出形式：一是通过获得合法执照的私人劳务中介机构派出；二是通过劳工部就业厅派出；三是通过泰国本地雇主派出；四是通过培训渠道派出；五是通过海外自主择业。劳工必须在派出十天前将其海外劳务情况向劳工部就业厅进行备案。

（3）管理机构。

（4）政策措施。①积极拓展海外就业渠道；②设立海外机构，助力劳务输出；③对外派劳务提供资金援助。

（三）劳务输出对泰国经济的影响

（1）对经济、资源管理和政策制定的影响。

（2）对劳务市场的影响。

（3）对宏观经济的影响。

（4）对家庭经济状况的影响。

五、孟加拉国的劳务输出

（一）孟加拉国劳务输出概况

（1）孟加拉国劳务输出始于 1976 年，凭借劳动力价格、语言和宗教等优势，不断外拓劳务市场。

（2）海外劳工大量增加为孟加拉国带来了可观的外汇收入。

（3）孟加拉国外派劳务多集中在中东和东南亚地区。

（二）孟加拉国劳务输出相关政策

（1）设专门机构管理：1976 年 4 月 3 日孟加拉国政府宣布成立“孟加拉国劳动力就业培训局”。

（2）劳务输出代理制。

（3）劳务输出培训制。

（4）劳务输出合同制。

（5）劳务输出多渠道。①劳动力就业培训局。②国有股份有限公司——孟加拉国海外就业服务有限公司。③私营劳务输出代理机构。④个人输出劳务。

（三）劳务输出对孟加拉国经济的影响

六、印度尼西亚的劳务输出

（一）印度尼西亚劳务输出概况

印度尼西亚主要向亚太和中东地区输出劳务，以女性为主，大部分从事普通的建筑和服务工种。

（二）印度尼西亚劳务输出的管理与政策

（1）加强领导，整顿劳工供应工作，主要由劳工部的海外劳工服务局（AKAN）执行。
（2）制定政策，颁布条例。
（3）优惠待遇，简化手续。
（4）对劳务输出人员的管理都极为细致严格。
（5）加强培训，提高素质。
（6）开展协作。
（7）流向多元化。

（三）劳务输出对印度尼西亚经济的影响

（1）侨汇可以改善国际收支。
（2）接受侨汇的家庭可以通过增加消费支出刺激国内生产。

七、韩国的劳务输出

（一）韩国劳务输出概况

韩国的劳务输出以建筑劳务输出形式为主，建筑承包的区域重点分布在中东和亚洲地区。

（二）韩国劳务输出的相关政策

（1）政府重视，特殊政策支持企业开拓海外市场。
（2）海外劳务输出扩张版图。
（3）劳工与设备同时输出。
（4）政府机构积极促进海外承包工程。①出台“一揽子”促进政策：2010 年 7 月，韩国公布《扩大成套设备出口和提高竞争力方案》。②创建国际基础设施基金：韩国出台“投资公司国际基础设施投资信托一号基金”。③加大主管部门及行业协会的项目监管作用。④提供及时高效的海外市场信息。⑤加强核心技术和专业人才培训。

（三）劳务输出对韩国经济的影响

（1）有望切实带动出口型经济增长。
（2）加快海外承包工程“走出去”的步伐。
（3）深化韩国与中东经贸合作关系。
（4）提高“韩国制造”的国际认知度。

八、亚洲国家劳务输出的实践与经验

（一）建立了强有力的权威性组织机构

（1）成立政府官方机构。
（2）建立从事招募和安置劳务输出人员的机构和公司。

(二)制定了较完善的法律体系和监督检查执法的配套措施

(1)颁布综合性的海外就业法规。

(2)颁布重点强调某个领域的单项法规。

(三)重视海外劳务市场的开发与研究

(1)专人调查研究和搜集信息。

(2)利用外部各方资源建立国际劳务市场信息网络。

(3)建立劳务输出人才库。

(四)强化对私营招募机构的管理与监督

对私营招募机构的申请资格、招募安置活动、收费标准、合同签署等方面作出制度上的规范。

(五)规定并实行了严格的招募与安置制度

规定各类招募安置机构在输出劳务人员前,必须将海外雇主的招募计划、就业条件,以及其身份、资产等有关情况报告海外就业局或指定部门。

(六)全力保护海外就业人员的合法权益

(1)最低海外就业标准。

(2)现场帮助措施。

(3)福利援助计划。

(4)实行积极的重新安置就业计划。

重点和难点

本章应掌握的主要知识点包括:(1)亚洲典型国家的劳务输出基本概况、相关政策及对本国经济的影响;(2)亚洲典型国家在劳务输出中的比较;(3)亚洲国家劳务输出的实践和经验。

同步综合练习题

一、单项选择题

1. 国际劳务合作是近（　　）年来国际交往与合作中一项极具生命力的业务。

A. 40　　B. 50　　C. 60　　D. 70

2. 印度输出劳务的主要目的地是海湾国家，其中最多的是（　　）。

A. 伊拉克　　B. 伊朗　　C. 叙利亚　　D. 沙特阿拉伯

3. 印度的投诉机制中，对外国雇主投诉的受理单位是（　　）。

A. 印度政府　　B. 移民保护总署

C. 印度驻外使馆　　D. 商业部

4. 印度劳务输出对国内的主要贡献就是（　　）。

A. 教育　　B. 侨汇

C. 技术　　D. 国外的先进管理经验

5. 巴基斯坦移民和海外就业局在国外设立了 18 个办事处，其中办事处最多的是（　　）。

A. 中东　　B. 英国

C. 马来西亚　　D. 美国

6. 巴基斯坦为了向归国劳务移民提供就业咨询和建议，指导他们投资、经商或寻找其他自谋职业的门路，成立了（　　）。

A. 海外劳务公司　　B. 海外人事局

C. 对外移民总署　　D. 回国移民恢复正常生活部际委员会

7. 菲律宾海外劳工的最大雇主是（　　）。

A. 英国　　B. 中国

C. 美国　　D. 日本

8. 世界海员劳务输出最多的国家是（　　）。

A. 印度　　B. 菲律宾

C. 新加坡　　D. 印度尼西亚

9. 8042 法规定，只向承认和保护菲律宾劳动权利的国家派遣菲律宾劳工，这些国家必须有保护外国劳工利益的相关法律，而且是劳工保护的多边或双边协定的签字国。这些法律的具体执行机构是（　　）。

A. 菲律宾海外就业管理局　　B. 菲律宾使馆

C. 菲律宾政府　　D. 海外工人福利署

10. 菲律宾前总统阿罗约曾在一次国际会议上说"菲律宾保守最完好的商业秘密"是（　　）。

A. 核心技术的保护　　B. 专利技术的保护

C. 人力资源培养　　D. 信息的公开化

11. 被菲律宾政府定为外籍劳工日是每年的（　　）。

A. 6 月 6 日　　B. 6 月 7 日　　C. 6 月 8 日　　D. 6 月 9 日

12. 1980 年以来，成为菲律宾首位外汇收入来源的是（　　）。
A. 椰油　B. 糖　C. 铜　D. 劳务输出
13. 泰国外派劳务管理的具体执行部门是（　　）。
A. 泰国劳工部就业厅海外就业管理局　B. 泰国劳工和社会福利部
C. 泰国政府　D. 泰国外交部
14. 孟加拉国的创汇产业中排名第一的是（　　）。
A. 侨汇　B. 食品业
C. 电子产品业　D. 成衣业
15. 印度尼西亚劳工最集中的国家是（　　）。
A. 中国　B. 马来西亚
C. 印度　D. 沙特阿拉伯
16. 截至 2009 年 12 月 15 日，韩国在中东地区承包合同金额 351.5 亿美元，在亚洲 101.7 亿美元。从承包项目对象国（地区）看，排名第三的是（　　）。
A. 阿联酋　B. 沙特阿拉伯
C. 阿尔及利亚　D. 中国
17. 1981～1983 年，成了世界上仅次于美国的第二大建筑劳务输出国的是（　　）。
A. 韩国　B. 美国　C. 中国　D. 印度
18. 韩国海外承包工程的主管部门是（　　）。
A. 韩国政府　B. 海外建设工程部
C. 国土海洋部　D. 海外建设协会

二、多项选择题

1. 全球流动人口主要分布在三大板块，即（　　）。
A. 亚洲　B. 非洲　C. 欧洲　D. 美洲
E. 大洋洲
2. 在亚洲，除中国之外，其他的主要劳务输出国有（　　）。
A. 孟加拉国　B. 印度
C. 印度尼西亚　D. 日本
E. 尼泊尔
3. 印度最有竞争力的专业服务领域是（　　）。
A. 女佣　B. 软件人员
C. 医务人员　D. 律师
E. 工程师
4. 印度劳工的五大优势（　　）。
A. 语言
B. 普遍能吃苦，服务意识强
C. 印度的高等教育水平较高，采用英国式的教育体制，比较容易得到西方国家的认可
D. 人际关系网络较为健全

E. 人力资源相当丰富，劳动力便宜

5. 印度建立了较为完善的听证制度，移民保护总署和设在孟买、德里、加尔各答等地的移民保护专员直接受理这方面的投诉，时间固定在每周的（　　）。

A. 星期一　B. 星期二　C. 星期三　D. 星期四

E. 星期五

6. 巴基斯坦政府为了增加劳务输出，先后成立了（　　）。

A. 海外劳务公司　B. 海外务工基金会

C. 海外巴侨基金会　D. 移民和海外就业局

E. 海外巴基斯坦人基金会

7. 巴基斯坦的福利援助计划包括（　　）。

A. 对海外务工人员资金补助

B. 为改善海外巴基斯坦工人居住条件提供资助

C. 为他们免费提供法律咨询

D. 为他们免费提供相关的电话服务

E. 为其子女提供奖学金等福利条件

8. 菲律宾最有竞争力的服务领域是（　　）。

A. 医生　B. 律师　C. 工程师　D. 海员

E. 家佣

9. 菲律宾海外劳工备用金主要用于会员的（　　）。

A. 保险　B. 健康

C. 教育培训　D. 家庭福利

E. 应急救济及奖励

10. 菲律宾为鼓励海外就业，实施福利援助计划，具体包括（　　）。

A. 为其海外工人提供家庭服务

B. 为其伤、残、病海外工人的子女提供奖学金

C. 帮助工人遣返和由总统向杰出工人颁奖

D. 建立了专门为海外劳工和家属服务的医院，在体检和治病方面提供优惠

E. 从1998年开始，菲律宾政府还规定海外劳工免交个人所得税（税率30%）

11. 根据泰国有关法律法规，共有五种合法渠道可以进行劳务输出（　　）。

A. 通过获得合法执照的私人劳务中介机构派出

B. 通过劳工部就业厅派出

C. 通过泰国本地雇主派出

D. 通过培训渠道派出

E. 通过海外自主择业

12. 目前，泰国政府在许多国家和地区设立了劳务管理机构，这些机构（办事处）的主要职责是（　　）。

A. 专门收集、研究当地劳务市场资料，提出市场开发对策，及时反馈给国内

B. 向就业厅海外就业管理局传达当地雇主招聘信息

C. 受权向当地雇主、招聘机构颁发招聘许可证

D. 受国内有关方面委托，对雇主营业执照等经营证明进行验证，视察雇主营业场所

E. 尚未设劳务管理机构的使馆承担在当地工作的泰国劳工的领事保护工作

13. 孟加拉国劳动力就业培训局的作用有（　　）。

A. 提供国内外就业服务，为海外就业者提供保护

B. 为出国劳务人员提供福利及汇款保障，为海外就业者提供职业导向

C. 拟订、组织和筹备投资计划，提高城乡就业率

D. 计划、制定和执行培训政策，拟订和执行培训计划，在各行业组织培训

E. 与国际有关机构，如世界银行、亚洲银行、伊斯兰劳工组织（ILO）、联合国开发计划署（UNDP）等建立联络网

F. 主编发布就业信息，对现行就业政策进行研究，提供改进与发展意见

14. 印度尼西亚政府为鼓励劳工出口，对以下出国劳工给予优先照顾（　　）。

A. 受过专门培训的中等技校和普通初、高中毕业生而尚未就业者

B. 专业领域人才　　C. 被解雇者

D. 工作合同期满者　　E. 已向劳工介绍所登记要求出国就业者

15. 下列哪些建筑出自三星物产工人之手（　　）。

A. 迪拜塔

B. 马来西亚双子塔

C. 东方明珠

D. 纽约世贸中心自由之塔

E. 台北 101 大楼

16. 在国际建筑市场上，韩国在劳动密集型的建筑工程上竞争力很强，主要原因是韩国承包的工程（　　）。

A. 价格低　　B. 质量高　　C. 工期短

D. 设计合理　　E. 员工素质高

17. 韩国加大主管部门及行业协会的项目监管作用，主要有（　　）。

A. 企业须向政府主管部门办理海外工程承包申请、变更和设立法人的审核手续并领取许可证书

B. 企业每季度末和年底须向主管部门报告私人承包项目、签约情况和工程进展情况，接受政府主管部门和行业协会的监督

C. 行业协会组织实施对项目、技术等的评估

D. 对大项目行业协会实施跟踪管理调查，包括施工状况、工程贷款、财物到位情况及竣工工程情况等，并定期或不定期到现场考察等

E. 对违反相关法规，致使承包工程受损或质量受到影响等行为，主管部门按照相关法律规定处以行政处罚和不同的罚金

18. 制定并颁布了较为综合性的海外就业法规的国家有（　　）。

A. 印度　　B 菲律宾　　C. 泰国　　D. 印度尼西亚

E. 孟加拉国

19. 制定并颁布了重点强调控制与管理招募机构与海外就业程序的单项性法规的国家有（　　）。

A. 菲律宾　　B. 泰国　　C. 印度　　D. 孟加拉国
E. 巴基斯坦

20. 私营招募机构或公司在亚洲劳务输出国的招募和安置劳务输出人员的活动中相当活跃，它们的特点有（　　）。
A. 接受信息快　　B. 反应灵敏
C. 办事效率高　　D. 盲动性和随意性
E. 高营利性

21. 亚洲典型国家都设立了专门机构和人员，并赋予了他们相应的权力，对于违法者，则区别轻重情节，分别给予（　　）。
A. 警告　　B. 谴责　　C. 罚款
D. 没收担保金　　E. 暂停或吊销营业许可证和判处徒刑

22. 最低海外就业标准的内容包括（　　）。
A. 最低工资标准　　B. 福利待遇标准
C. 带薪休假　　D. 工资补贴
E. 合同期满后的遣返费用

23. 韩国的福利援助计划包括（　　）
A. 对海外工人的家庭提供咨询服务
B. 降低海外工人的所得税
C. 对他们实行优惠住房待遇
D. 为他们安排慰问演出
E. 总统向他们赠送新年或中秋节礼物

三、名词解释

1. 新型劳务人才
2. 侨汇
3. 联合输出
4. 劳务输出代理制
5. 劳务输出培训制
6. 劳务输出合同制

四、简答题

1. 简述印度促进劳务输出的措施。
2. 简述巴基斯坦劳动输出政策。
3. 简述菲律宾对本国劳务输出的组织和管理。
4. 简述泰国劳务输出管理政策。
5. 简述孟加拉国劳务输出相关政策。
6. 简述印度尼西亚劳务输出的管理与政策。
7. 简述韩国劳务输出的相关政策。

五、论述题

1. 试述劳务输出对印度经济的影响。

2. 试述劳务输出对巴基斯坦经济的影响。
3. 试述劳务输出对菲律宾经济的影响。
4. 试述劳务输出对泰国经济的影响。
5. 试述劳务输出对孟加拉国经济的影响。
6. 试述劳务输出对印度尼西亚经济的影响。
7. 试述劳务输出对韩国经济的影响。
8. 试述亚洲国家劳务输出的实践与经验。

六、案例分析题

韩国劳动力市场的一个显著特点就是，其外向型发展战略带来了人力资源开发状况的显著改变。1963 年，朴正熙总统根据经济事务顾问团的建议，不顾国内反对势力的抵制和舆论的指责，断然决定向联邦德国派遣数百名矿工和护士从事劳务工作。1965 年，他们第一次在日本承包一项 34 万美元的土木工程，由此开始了以承包工程为主要形式的劳动力输出。1966 年，他们又在南越承包军港建设等一些军事工程，后来发展到泰国、菲律宾等东南亚国家。当时韩国在这些国家的承包工程总额虽然只有 1100 万美元，相当于 1978 年韩国海外承包营业额的 46.1%，但对于当时的韩国来讲，是一项十分可观的外汇收入，并且在减轻国内失业压力方面起了很大的作用。20 世纪 70 年代前中期，中东各产油国趁国际石油危机利用大量的石油收入发展本国经济，但这些国家普遍缺乏劳动力和技术。韩国抓住这一时机，依据 60 年代在东南亚所取得的成就和经验，积极谋求向中东各石油输出国发展。到 1978 年年底，经过几年的努力，韩国在该地区承包的工程额已经占该地区全部工程合同总额 500 亿美元的 16%，超过美国、日本、法国、意大利和联邦德国而跃居首位。据《汉城新闻》《亚洲华尔街日报》等报刊披露，70 年代，韩国有 122 个公司得到批准在海外从事建筑业，其中有 80 个公司在 36 个国家承包高速公路、住宅、港口、海军基地、造船厂、石油化工厂等工程，共派出 11 万名员工，其中派到中东地区的占总数的 94%，东南亚地区的占 3%，太平洋地区的占 1%，非洲地区的占 1.4%，拉美地区的占 0.1%。在这些员工中，技术人员和工人占 75%，行政人员占 25%。韩国在国外的承包工程从 1966 年的 1100 万美元增加到 1978 年的 56 亿美元，猛增了 508 倍。20 世纪 80 年代以来，韩国一方面继续争揽一般的土木工程项目，同时还承接技术密集型的大型工程，以及造船、机械、水泥、石油化工等工业项目，承包合同总额又有了快速的增加，1981 年达到最高峰，创下了 136.81 亿美元的最高纪录，其中 92%来自中东。1981～1983 年，韩国成了世界上仅次于美国的第二大建筑劳务输出国。美国承包的主要是高级技术工程和设计业务，纯劳动力输出很少，韩国不仅出口劳动力，而且能提供相当熟练的技术组装力量。1974～1981 年，韩国对外工程承包合同额增加了 79.4 倍，大大高于同期的国民生产总值和对外贸易的增长速度。尽管由于各种原因，1984 年以后韩国对外工程承包有所减少，但是到 90 年代，每年仍旧能够达到 60 亿美元左右。韩国通过参与国际承包工程和劳务输出开发利用劳动力资源的成效十分显著。例如，截至 1985 年年末，韩国劳动力出口承包工程总额为 790 亿美元，其中已经完工的有 620 亿美元，获得纯外汇收入 157 亿美元，劳动力输出人数最多时近 20 万人。1981 年劳务出口收入为 16.5 亿美元，占非贸易收入的 32.6%。

资料来源：徐建平 . 1999. 韩国的劳务市场 . 国际经济合作，(03)。

【问题讨论】

结合上述案例材料，运用课本中的相关专业知识讨论：韩国劳务输出政策的主要内容及其特征。

参考答案

一、单项选择题

1. A　2. D　3. C　4. B　5. A
6. D　7. C　8. B　9. A　10. C
11. B　12. D　13. A　14. D　15. B
16. C　17. A　18. C

二、多项选择题

1. ACD　2. ABCE　3. BC　4. ABCDE　5. BE
6. ABCDE　7. BCDE　8. DE　9. ABCDE　10. ABCDE
11. ABCDE　12. ABCDE　13. ABCDEF　14. ACDE　15. ABE
16. ABC　17. ABCDE　18. BCD　19. CDE　20. ABCD
21. ABCDE　22. ABCE　23. ABCDE

三、名词解释

1. 新型劳务人才分为两种：一种是有技能的专业技术人员，不需中介，自行出国谋生，也不归劳工部管理；另一种是无技能或半技能人员，需通过代理出国谋职。

2. 侨汇：侨居在国外的本国公民或侨居在本国的外国公民汇回其祖国的款项。

3. 联合输出：借以把管理工作输出和材料输出同劳工输出结合起来。

4. 劳务输出代理制：劳务输出人员的选拔、培训及派出过程中，全部手续一般是由劳务出口代理公司办理的。

5. 劳务输出培训制：所有派往国外的人员离境前必须接受时长不等的出国前教育，培训内容主要是介绍驻在国的国情、法律等。经考核合格者颁发培训证书，凭证书申办出国手续。

6. 劳务输出合同制：劳务出口代理与外国雇主、雇主与劳务人员、代理与劳务人员之间都签有合同，相互制约，责权分明。

四、简答题

1. 印度政府非常重视人才输出，对劳务输出人员的管理极为细致严格，有完善的投诉机制，积极的政府间协议；政府还十分重视人才培养。印度劳务输出的重点是新型劳务人才。

2. 巴基斯坦主要通过五种方式输出劳务：①巴基斯坦政府历来都很重视劳务输出工作；②设立专门机构管理；③实施福利援助计划，鼓励海外就业；④对归国劳工实行积极的重新安置就业计划；⑤建立海外巴基斯坦人基金会。

3. 菲律宾对本国劳务输出的组织和管理：①利用大众传媒，为个人赴海外工作提供充足的就业信息；②完善的劳务输出立法制度；③对海外劳工的保障制度；④对劳务人员高效的培训体系；⑤对劳务输出的财政支持政策；⑥给予劳工崇高的政治荣誉；⑦支持私营劳务输出机构开展业务。

4. 泰国劳务输出管理政策：①法律制度——《职业介绍和求职者保护法》；②劳务输出形式；③管理机构——泰国劳工部就业厅海外就业管理局；④政策措施——积极拓展海外就业渠道，设立海外机构，助力劳务输出，对外派劳务提供资金援助。

5. 孟加拉国劳务输出相关政策：①设专门机构管理——孟加拉国劳动力就业培训局；②劳务输出代理制；③劳务输出培训制；④劳务输出合同制；⑤劳务输出多渠道——劳动力就业培训局、国有股份有限公司、私营劳务输出代理机构、个人输出劳务。

6. 印度尼西亚劳务输出的管理与政策：①加强领导，整顿劳工供应工作——劳工部的海外劳工服务局（AKAN）；②制定政策，颁布条例，有对出国劳工的规定、对外国雇主的规定、对国内劳工供应公司的规定；③优惠待遇，简化手续；④对劳务输出人员的管理极为细致严格；⑤加强培训，提高素质；⑥开展协作；⑦流向多元化。

7. 韩国劳务输出的相关政策：①政府重视，特定特殊政策支持企业开拓海外市场——开展总统外交；②全方位的海外劳务输出扩张版图；③劳工与设备同时输出——成套工程设备输出以赚取利润；④政府机构积极促进海外承包工程，比如出台“一揽子”促进政策、创建国际基础设施基金、加大主管部门及行业协会的项目监管作用、提供及时高效的海外市场信息、加强核心技术和专业人才培训。

五、论述题

1. 答案要点。

(1) 对经济方面的影响，劳务输出对国内的主要贡献就是侨汇，通过向家庭和家乡汇款，印度移民的家庭经济状况得以改善，这促进了当地消费，并带动当地的公共设施建设和公共服务质量的提高。

(2) 对社会文化方面的影响：一方面是移民网络和移民文化的形成；另一方面是对传统社会文化和家庭观念的冲击。

2. 答案要点。

(1) 大批劳工赴海外为巴基斯坦汇回平衡国际收支的大量外汇，为巴基斯坦的经济发展做出贡献。

(2) 社会结构的变化。

3. 答案要点。

(1) 获得巨额的外汇收入。

(2) 改善国际收支平衡。

(3) 带动了一批工业制品和其他产品的出口，从而增加了外汇收入。

(4) 缓和了国内失业问题的压力，提高了海外就业者的工资收入。

总之，劳务输出和建筑输出是一个包括各种经济部门的综合性的经济活动。它不仅在开发人力、积累资本、促进出口贸易等方面起了重要作用，而且对培养技术人才、学习国外先进技术也起了一定的作用。

4. 答案要点。

(1) 对经济、资源管理和政策制定的影响。

(2) 对劳务市场的影响，主要表现在工资、技术工人的短缺，下岗工人的培训，输出劳工的数量及以资本来代替劳工等方面。

(3) 对宏观经济的影响：大量的外汇流入本国，对本国宏观经济产生一定的影响，但对家庭外部影响不大；劳务外汇收入对国际收支产生影响，促进本国商品出口。

(4) 对家庭经济状况的影响——经济状况大都有所改善。

5. 答案要点。

(1) 劳务出国人员的侨汇已成为孟加拉国支付进口的重要支柱。

(2) 劳务人员富裕起来。

(3) 增加了国内就业机会，减轻了对国家和社会的压力。

(4) 劳务出口还带动了国内航空、旅游、银行和服务业的发展。

(5) 劳务出国人员还从国外学会并带回了先进技术和管理方法，回国后为本国提供了大批适用人材。

6. 答案要点。

(1) 侨汇可以改善国际收支状况。

(2) 家庭通过增加消费支出在某种程度上刺激国内生产的两个方面。

7. 答案要点。

(1) 有望切实带动出口型经济增长，创造就业岗位。

(2) 加快海外承包工程“走出去”步伐，以点带面。

(3) 深化韩国与中东经贸合作关系。

(4) 提高“韩国制造”国际认知度。

8. 答案要点。

(1) 建立了强有力的权威性组织机构。

(2) 制定了较完善的法律体系和监督检查执法的配套措施。

(3) 重视海外劳务市场的开发与研究。

(4) 强化对私营招募机构的管理与监督。

(5) 规定并实行了严格的招募与安置制度。

(6) 全力保护海外就业人员的合法权益。

六、案例分析题

结合案例材料并参考教材中的相关内容作答。

(1) 政府高度重视。从早期朴正熙总统决定向联邦德国派遣数百名矿工和护士开始，韩国政府在韩国的劳务与输出中扮演着重要的角色，韩国政府给予对外企业大力的支持，鼓励对外企业积极参与海外承包，支持企业开拓海外建筑市场。

（2）海外输出遍地开花。韩国的海外工程承建从20世纪60年代的东南亚地区到70～80年代的中东地区，再到近些年来的中国建筑市场，体现了韩国海外工程承建版图的庞大。

（3）劳工与设备同时输出。韩国不仅出口劳动力，而且能提供相当熟练的技术组装力量，在海外工程承建过程中，不断地向输入国输出成套的工程设备。

（4）韩国通过海外的劳务输出，赚取了大量的外汇收入，缓解了韩国国内的就业压力。

第3章 亚太地区的劳务输入

考核内容

本章主要阐述了亚太地区的劳务输入情况。主要考核内容包括：澳大利亚的劳务输入历史、移民立法体系及现状；日本的劳动力输入体制及现状；韩国的劳务输入体制及现状；新加坡的劳务输入体制及现状；中国香港的劳务输入体制及现状；中国台湾的劳务输入体制及现状。

一、亚太地区的劳务输入概况

第一，劳工的人数在迅速增加。

第二，由于东亚、东南亚经济的高速增长，该地区几乎所有的国家都感到劳动力短缺。

二、澳大利亚的劳务输入

（一）澳大利亚移民与劳务输入的历史

（1）早期移民：1788年，欧洲流放来的犯人居多数；1788～1830年，77 000移民从欧洲到澳大利亚定居；1830年，在新南威尔士州通过了一项鼓励农场主和企业主从欧洲雇佣移民工人的资助计划；19世纪50年代，澳大利亚淘金热兴起，犯人在移民中所占比例减小，非英语国家的移民大量增加。

（2）第二次世界大战后的“非技术”移民政策：在第二次世界大战后早期，为了抵御外敌入侵而增加人口；工业生产和建设对非技术劳动力的需求引发了澳大利亚战后第一次移民潮。

（3）20世纪70年代，移民选择标准中技术因素的引进：出于各种原因，在70年代末期，技术移民仍只占澳大利亚所引进移民数量的很少一部分，而家庭团聚移民在澳大利亚外来移民中占据绝对优势。

（4）20世纪80年代，根据劳动力短缺情况确定移民数量：加强对移民的控制和管理。

（5）20世纪90年代，目标更加明确的技术移民政策：①技术移民政策重新定位，旨在限制移民数量，特别是家庭移民的入境量；②实行一种资格认定制度。

（二）比较完善的移民立法体系

建立了《反种族歧视法》、《反性别歧视法》、《公共服务改革法》、《妇女平等就业法》和《人权与平等委员会法》等健全的法律。

（三）移民在澳大利亚劳动力市场中的现状

（1）移民情况：技术移民所占比重最大，家庭团聚类移民次之，人道主义移民最少。

（2）移民就业情况：来自印度的人数最多，排名第二和第三的是英国和中国。

（3）移民职工的产业和职业状况：移民就业人数最多的产业是卫生保健和社会援助；其次是专业科学及技术服务行业；最后是制造业。移民职工多集中在专业人员、科技及贸易人员、文书与行政人员、经理、工人等职业上。

三、日本的劳务输入

（一）日本的人口与劳动力资源状况

（1）人口减少、地区分布不均、户均人口下降等趋势凸显。

（2）人口微增与在日居住外国人增加有关。

（3）2012年，人口自然增长率降至1%以下，日本表现出少子化、高龄化与劳动力短缺的特征。

（二）日本的劳动力短缺现状

劳动力数量也在不断减少，这可能对日本经济发展造成相当大的阻力。

（三）日本劳动力输入体制

1. 出入境管理制度

（1）第二次世界大战后，随着日本经济复兴及国际交流的发展，出入境人数不断增加。

（2）在日本入境的外国人中，90%为旅游观光等短期滞留。

（3）日本虽然劳动力短缺，但只接受具有专业技术、技能和知识的外国人，原则上不准许没有技能的外国工人就业。

2. 研修生制度

日本法律规定禁止企业雇佣外籍劳工，为了缓解非技术劳动力的短缺问题，日本主要采取引进外籍研修生的办法，来缓解劳动力供给短缺问题。

四、亚洲新兴工业化国家和地区的劳务输入

（一）韩国的劳务输入

1. 韩国人口低增长与劳动力结构性短缺

（1）20世纪60年代，韩国人口进入了低出生率、低死亡率与低人口自然增长率的阶段。

（2）20世纪80年代，韩国的总生育率已下降至更低水平，基本完成了人口转变。

（3）2000年，人口达到4700万人，自然增长率为8%，人口进入稳定的低增长时期。

（4）1962年，实行家庭计划以后，韩国人口构成发生了较大的变化，婴幼儿人口比重减少，青壮年人口比重逐渐增加，65岁以上老年人口的比重迅速增加。

2. 韩国劳动力输入制度

（1）研修生制度。流入韩国的外籍劳动力主要为专业技术人员和单纯技术劳动力，其中，专业技术人员主要来自美国、日本、加拿大、英国、德国、法国等发达国家，单纯技术劳动力主要来自中国、菲律宾、孟加拉国、越南、巴基斯坦、尼泊尔、斯里兰卡、印度尼西亚、泰国、伊朗、俄罗斯、印度、乌兹别克斯坦等发展中国家。

（2）金卡制度。为了吸引更多的外国科技人才，2000年11月韩国开始实施相当于美国“绿卡”制度的“金卡”制度，从海外招聘高级人才，以帮助中小风险企业弥补高级技术人才的缺口。

（3）外国人雇佣许可制。韩国劳动部于2004年8月开始执行“外国人雇佣许可制”，与研修生制度两制并行实施三年后，于2007年1月开始终止两制并行措施，实行“雇佣许可制”单一制度下引进外籍劳务的政策，2007年3月开始，作为雇佣制的特殊形式，韩国政府以“访问就业制”的方式引进“海外同胞”劳务。

（4）韩国劳务市场现状。韩国的农林渔业、制造业、建筑业是雇佣外籍劳务较多的行业，韩国对一般劳动力的需求将逐渐减少。

（二）新加坡的劳务输入

1. 新加坡劳动力市场现状：长期保持着对外籍员工的强劲需求，主要集中在服务业、建筑业和制造业。

2. 新加坡外籍劳务管理情况：需要持有由新加坡政府人力部颁发的有效准证，即就业准证或工作准证，就业准证分为 P1、P2、Q1、Q2 四种。

(1) 法律体系——《外国人力雇佣法》、《就业法》、《移民法》、《职业安全与健康法》、《工伤赔偿法》和《就业代理法》。

(2) 管理机构——人力部，设 14 个署（局）和 3 个法定机构。

(3) 金融危机后的政策变化：①调高外劳税；②提高雇佣外籍劳工的门槛和从业资格。

3. 新加坡外籍劳务的分布及就业状况

(1) 根据新加坡人力部的统计，2013 年新加坡外籍就业人员增长显著，较上年增长了 4.2%，达到 132 万人，约占就业总人数的 39%。

(2) 新加坡的外籍劳工主要来自马来西亚、中国、印度和泰国等。

(3) 新加坡政府注重高技术人才的引进。

（三）中国香港的劳务输入

1. 中国香港劳动力状况

(1) 据 2011 年中国香港人口普查，中国香港人口为 707 万人，99%是华人。

(2) 中国香港是世界上人口密度最大的地区之一。经济的快速发展仍然让中国香港感到劳动力不足，《文汇报》2014 年 5 月 20 日报道，随着中国香港人口老化，劳动力不足的情况更加严峻。

2. 中国香港的劳务输入计划

(1) 第一阶段是大规模合法输入外劳政策的开始时期，中国香港实施的是“一般输入外劳政策”。

(2) 第二阶段是 1990 年 5 月中国香港实施了“新输入劳工政策”，放宽和扩大了输入外劳的计划。

(3) 第三阶段是 1995 年年底对输入外劳政策的调整时期，中国香港于 1996 年 2 月实施了“补充劳工计划”，大幅减少输入外地劳工。

3. 中国香港入境事务

中国香港已成为世界各国游客和商务访客的主要目的地之一。

(1) 入境管制。中国香港一向实施宽松和开放的入境政策。

(2) 引入人才及资金。海外专业人士如具备中国香港所需而又缺乏的特别技能、知识或经验，或者能够对本港经济做出重大贡献，便可根据一般就业政策申请来中国香港工作。

(3) 中国国籍事宜。香港回归后，入境事务处开始处理与《中国国籍法》有关的申请。

（四）中国台湾的劳务输入

1. 人口快速老龄化的中国台湾

中国台湾人口少子化、老龄化现象越来越明显，由于中国台湾人口增长率不高，预计从2026年开始人口会出现负增长，老龄化问题也会越来越凸显。

2. 中国台湾的劳务输入法规

(1) 中国台湾在1989年10月颁布“《14项重要建设工程人力需求因应措施方案》”，开始正式合法地引进外籍劳工。

(2) 1992年5月8日，台湾当局通过了新的“《就业服务法》”，同时废止了“《职业介绍法》”。

(3) 在1992年通过的“《台湾地区与大陆地区人民关系条例》”也开放了雇佣大陆人的规定。

(4) 在1998年2月，台湾有关当局通过“《加强外籍劳工管理方案》”，决定为外劳维持适度紧缩政策。

(5) 1999年6月，台湾有关当局通过“《驻越南台北经济文化办事处与驻台北越南文化办事处有关派遣及接纳越南劳工协案》”，越南外劳可望在当年开始引进。

3. 中国台湾劳务市场现状

(1) 截至2012年年底，外籍看护工在中国台湾人数呈现增加趋势，重大投资制造业人数自2005年以来逐渐下降，传统和非传统制造业人数都在下降。

(2) 外籍白领人员在中国台湾人数持续增加。

(3) 劳动力不足，台湾当局着手促进中高龄人口就业。

重点和难点

本章应掌握的主要知识点包括：(1) 移民在澳大利亚劳动力市场中的现状；(2) 日本劳动力输入体制；(3) 韩国劳动力输入制度；(4) 新加坡金融危机后的政策变化；(5) 中国香港入境事务；(6) 中国台湾劳务市场现状。

同步综合练习题

一、单项选择题

1. 在澳大利亚最早的移民中，居多数的是（　　）。
   A. 犯人　　B. 皇室成员
   C. 商人　　D. 技术人员
2. 澳大利亚最早的有关移民和劳务输入的规定是（　　）年。
   A. 1810　　B. 1820　　C. 1830　　D. 1840
3. 在第二次世界大战后早期，澳大利亚政府引进移民主要目标是（　　）。
   A. 建设国家　　B. 抵御外敌入侵
   C. 接受难民的需要　　D. 弥补国内不足的劳动力
4. 1982 年，澳大利亚移民政策的宗旨是（　　）。
   A. 服务了国外移民
   B. 建设国家
   C. 提倡人道主义精神，积极接受国际难民
   D. 为个别部门发生的劳动力短缺补充人员，同时从长远考虑减小澳大利亚对移民的依赖程度
5. 20 世纪 90 年代，澳大利亚的移民政策的宗旨是（　　）。
   A. 限制移民数量，特别是家庭移民的入境量
   B. 为个别部门发生的劳动力短缺补充人员，同时从长远考虑减小澳大利亚对移民的依赖程度
   C. 建设国家
   D. 提倡人道主义精神，积极接受国际难民
6. 1989 年澳大利亚联邦政府为了协助移民部门和教育部门确定移民的技能要求，建立了（　　）。
   A. 移民技能和资格委员会　　B. 国家移民技术识别办公室
   C. 国家移民识别组　　D. 国家移民审核组
7. 澳大利亚联邦政府近来通过的有关反对歧视移民的法律，其中在 1984 年的公共服务改革法，该法的基点是（　　）。
   A. 在公共服务部门就业机会平等　　B. 反对种族歧视
   C. 反对性别歧视　　D. 妇女平等就业
8. 每年都有数以万计的人移民到澳大利亚，从技术移民的情况来看，人数总量排第三的是（　　）。
   A. 英国　　B. 印度
   C. 美国　　D. 中国
9. 按照就业人数的多少排列，2011 年澳大利亚移民就业人数最多的产业是（　　）。
   A. 专业科学　　B. 技术服务行业
   C. 卫生保健和社会援助　　D. 制造业

10. 全球高龄化最严重的国家是（　　）。

A. 美国　　B. 荷兰

C. 英国　　D. 日本

11. 日本厚生劳动省的调查显示，截止到 2013 年 10 月末，雇佣外国劳动者人数最多的企业是（　　）。

A. 制造业　　B. 餐饮服务业

C. 批发零售业　　D. 电子产业

12. 根据日本总务省公布的 2010 年 10 月实施的人口普查结果，日本的第一大外国人族群是（　　）。

A. 韩国人　　B. 中国人

C. 美国人　　D. 朝鲜人

13. 日本输入人员层次较高，行业分布以（　　）为主。

A. 劳动密集型产业　　B. 高技术领域

C. 能源密集型产业　　D. 燃料密集型产业

14. 1962 年，韩国政府颁布并实施了一项对社会经济发展与出生率的下降起决定性作用的政策，它是（　　）。

A. 计划生育　　B. 人口减少补偿政策

C. 家庭计划政策　　D. 社会福利政策

15. 19 世纪六七十年代，韩国人口构成发生了较大的变化。其中在 1970 年，人口所占比重最大的是（　　）。

A. 65 岁以上　　B. 20～64 岁

C. 15～20 岁　　D. 0～14 岁

16. 韩国开始实施研修生制，规模引进外籍劳务是（　　）年。

A. 1994　　B. 1995　　C. 1996　　D. 1997

17. 新加坡负责外籍劳务管理的政府部门是（　　）。

A. 人力部　　B. 国务院

C. 外劳部　　D. 劳动关系局

18. 金融危机后，新加坡调整外劳政策的核心内容是（　　）。

A. 提高雇佣外籍劳工的从业资格　　B. 调高外劳税

C. 改善外籍工人的居住环境　　D. 保证外籍工人的人身安全

19. 据 2011 年中国香港人口普查，中国香港人口为 707 万人，99%是（　　）。

A. 华人　　B. 美国人

C. 英国人　　D. 荷兰人

20. 劳动力不足的情况越来越严峻，中国香港推算各行业之中人力需求年均增长率最高的行业是（　　）。

A. 商用服务业　　B. 建造业

C. 信息及通信业　　D. 金融服务业

21. 中国香港大规模合法输入外劳政策始于（　　）。

A. 1987 年　　B. 1988 年　　C. 1989 年　　D. 1990 年

22. 最初，中国香港只批准到港从事家庭服务工作的是（　　）。

A. 菲律宾男性　　B. 中国内地女性

C. 菲律宾女性　　D. 中国内地男性

23. 中国香港“优秀人才入境计划”实施时间为（　　）。

A. 2006 年 6 月 27 日　　B. 2006 年 6 月 28 日

C. 2007 年 6 月 27 日　　D. 2007 年 6 月 28 日

24. 中国香港“资本投资者入境计划”实施时间为（　　）。

A. 2002 年 10 月 26 日　　B. 2002 年 10 月 27 日

C. 2003 年 10 月 26 日　　D. 2003 年 10 月 27 日

25. 全球“老得最快”的地区是（　　）。

A. 日本　　B. 中国台湾

C. 中国大陆　　D. 印度

26. 全世界最“老”的国家是（　　）。

A. 美国　　B. 荷兰　　C. 英国　　D. 日本

二、多项选择题

1. 世界三个最大的移民国家是（　　）。

A. 澳大利亚　　B. 美国

C. 加拿大　　D. 韩国

E. 新加坡

2. 澳大利亚主要的移民选择标准包括（　　）。

A. 移民者的身高　　B. 移民者的家庭背景

C. 移民的劳动力　　D. 种族　　E. 性别

3. 1788 年第一批大规模欧洲移民到澳大利亚定居，他们主要来自（　　）。

A. 英国　　B. 荷兰

C. 西班牙　　D. 葡萄牙

E. 爱尔兰

4. 在第二次世界大战后早期，工业生产和建设对非技术劳动力的需求引发了澳大利亚战后第一次移民潮，移民通常被分配到的行业部门是（　　）。

A. IT 行业　　B. 制造业

C. 建筑业　　D. 农业

E. 采矿业

5. 1971 年是澳大利亚外籍劳工输入量的又一个高峰，从国籍上看呈现多样化趋势，主要有（　　）。

A. 传统的欧洲移民

B. 新西兰人、非洲人

C. 由智利内乱、黎巴嫩内战造成的难民

D. 东南亚地区冲突造成的难民

E. 少数人是因为本国遭受自然灾害而迁移到澳大利亚

6. 20世纪70年代，澳大利亚政府对原有的非技术移民政策及时做出了适应性调整，原因有（　　）。
A. 国际形势发生巨大变化，所谓的共产主义的“威胁”已不再成为威胁
B. 日本及亚洲“四小龙”经济迅速崛起
C. 经济全球化进程在加速发展，拥有高新技术的人才已成为参与国际竞争的重要方面
D. 澳大利亚国内经济的重建与发展已粗具规模
E. 美国、加拿大等传统移民国家也将技术移民的选择作为移民政策的一个重要方面

7. 技术移民的选择标准包括移民的（　　）。
A. 高等教育水平　　B. 身高
C. 工作经验　　D. 英语能力
E. 年龄

8. 非澳大利亚国籍的移民没有（　　）。
A. 获得专门工作的机会平等的权利　B. 担任同等职位方面的权利
C. 选举权　　D. 被选举权
E. 言论自由权利

9. 1991年9月，为了对外国向日本派遣研修生机构和日本接收机构进行指导和管理，组建了财团法人国际研修协力机构（JITCO），其中参与组建的机构有（　　）。
A. 法务省　　B. 外务省
C. 通产省　　D. 厚生省
E. 建设省

10. 20世纪80年代后半期，韩国从劳动力净输出国转变为劳动力净输入国，原因有（　　）。
A. 韩国经济增长迅速，尤其是出口加工型工业的发展，对劳动力的需求增加
B. 人口增长率下降
C. 人口增长率上升
D. 韩国技术人员大量外流
E. 出生率低，劳动力供给不足

11. 流入韩国的外籍劳动力主要为专业技术人员和单纯技术劳动力，其中专业技术人员主要来自（　　）。
A. 美国　B. 日本　C. 中国　D. 加拿大
E. 英国

12. 流入韩国的外籍劳动力主要为专业技术人员和单纯技术劳动力，其中单纯技术劳动力主要来自（　　）。
A. 中国　B. 德国　C. 菲律宾　D. 俄罗斯
E. 乌兹别克斯坦

13. 最初韩国并没有具体的外籍劳动力政策，当时进入韩国的外籍劳动力大多是非法身份，并主要从事（　　）。
A. 电子行业　B. 信息行业　C. 制造业　D. 工矿业

E. 建筑业

14. 韩国雇佣外籍劳务较多的行业是（　　）。

A. 零售业　　B. 农林渔业

C. 航空业　　D. 制造业

E. 建筑业

15. 新加坡外籍劳务保持着较大需求，主要集中在（　　）。

A. 服务业　　B. 建筑业

C. 水产业　　D. 制造业

E. 海运业

16. 新加坡就业准证分为（　　）等几种。

A. P1　　B. P2　　C. P3　　D. Q1

E. Q2

17. 新加坡持 Q2 准证的职业有（　　）。

A. 厨师　　B. 行政人员

C. 医护人员　　D. 财务人员

E. 教育工作者

18. 外国人员在新加坡工作需要持有由新加坡政府人力部颁发的有效准证，即就业准证或工作准证，工作准证是发给（　　）。

A. 建筑工人　　B. 造船工人

C. 环卫工人　　D. 割草工人

E. 其他在艰苦环境中作业的外国工人

19. 新加坡的外籍劳工主要来自（　　）。

A. 马来西亚　　B. 日本

C. 中国　　D. 印度

E. 泰国

20. 早期新加坡的外籍就业人员主要集中在（　　）。

A. 商业服务业　　B. 建筑业

C. 社区和家政服务业　　D. 餐饮和交通电信业

E. 制造业

三、名词解释

1. 雇主建议制度
2. 研修生
3. 韩国外国人研修生
4. 金卡制度

四、简答题

1. 简述澳大利亚移民政策的转变。
2. 简述移民在澳大利亚劳动力市场中的现状。

3. 简述日本劳动力输入体制。
4. 简述在韩国务工的非法滞留者产生的原因。
5. 简述中国香港的劳务输入计划。

五、论述题

1. 试述亚太主要国家劳动力短缺的具体表现。
2. 试述韩国劳动力输入制度。
3. 试述韩国劳务市场现状。
4. 试述新加坡金融危机后的政策变化。
5. 试述中国香港入境事务。
6. 试述中国台湾如何解决劳动力不足的问题。

六、案例分析题

新加坡国土面积狭小、资源匮乏，控制外来人口便成了该国的重要课题。尽管近年来该国劳动力严重短缺，企业方面强烈要求输入外籍劳动者，但新加坡政府对外籍劳务的输入一直采取极其慎重的态度，并通过制定管理法、移民法及对低收入的外籍劳动者发放劳动许可、对高收入的外籍劳动者发放雇佣许可、及时调整外籍劳动者比率和向雇主征收外籍劳动者雇佣税等手段，对外籍劳务输入统一管理、严格把关、全面协调。新加坡的劳务输入政策大致有以下几个特点。①对外籍劳务人员进入没有统一的、具体的、刚性的条件要求，每年也没有固定的接纳数额，而是因时因势，根据国内经济、劳动力市场的具体情况灵活制定，并且所定的条件与具体数额，作为政府的内部政策，不予公开。新加坡的每个企事业单位皆可申请雇佣外籍劳动者，但最后审批权在政府（该国内务部、移民局负责有关外籍劳动者的具体工作），且政府在审批之际，对不同的行业、不同的企事业有不同的标准。②积极接纳中国香港、中国台湾、韩国等地的高层次、高水平的劳动力及有投资能力的经营者，并欢迎其在新加坡定居。③力争将低学历、低层次的外籍劳务的输入限制在最小的范围。④低层次外籍劳动者的雇佣税高于高层次外籍劳动者的雇佣税。另外，外籍劳动者雇佣税不是固定不变的，而是随着国内经济状况、雇佣形势及政府政策的改变相应调整。⑤对输入家庭保姆不加限制（但雇主要交雇佣税）。⑥严厉惩处非法就业、非法入境者。对前者（劳动者、雇主双方）不仅罚款，并处以监禁；对后者除罚款、监禁之外，还要施以鞭刑，然后强制回国。但是，如违法当事人能坦白自首，则从轻处理。⑦在劳务输入方面，对近邻马来西亚特别优惠，不但准许其国民自由到新加坡就业，且在新加坡连续三年受雇的马来西亚劳动者可申请永久居住权。

资料来源：袁铁铮 . 1994. 新加坡的劳务输入，中国劳动，1994（05）。

【问题讨论】

结合上述案例材料，运用教材中的相关专业知识讨论以下问题：新加坡劳务输入政策的主要特点。

参考答案

一、单项选择题

1. A　2. C　3. B　4. D　5. A
6. B　7. A　8. D　9. C　10. D
11. A　12. B　13. B　14. C　15. D
16. A　17. A　18. B　19. A　20. D
21. C　22. C　23. B　24. D　25. B
26. D

二、多项选择题

1. ABC　2. CDE　3. AE　4. BCDE　5. ABCDE
6. ABCDE　7. ACDE　8. CD　9. ABCDE　10. ABE
11. ABDE　12. ACDE　13. CDE　14. BDE　15. ABD
16. ABDE　17. ACE　18. ABCDE　19. ACDE　20. BCE

三、名词解释

1. 雇主建议制度：在劳动力短缺问题方面，雇主是劳动力的需求方，他们对劳动力市场中缺少哪类专门人才或熟练劳动力有最直接的感受，因此，雇主可以提出合理的建议。

2. 研修生：以学习专门技术、技能或知识为目的在日本居留的外国人，居留时间通常为一年。

3. 韩国外国人研修生：外国劳动力通过两国政府人力资源合作渠道来韩国工作，并享受韩国劳动法的基本权利。

4. 金卡制度：为了吸引更多的外国科技人才，2000 年 11 月韩国开始实施相当于美国“绿卡”制度的“金卡”制度，从海外招聘高级人才，以帮助中小风险企业弥补高级技术人才的缺口。

四、简答题

1. 澳大利亚移民政策的转变。

（1）早期移民中，犯人居多数。

（2）第二次世界大战后，工业生产和建设对非技术劳动力的需求引发了澳大利亚战后第一次移民潮，移民必须从事政府指定的工作满两年，这样，政府就可以使移民从事国内优先需要发展的行业或向国内的雇主推荐优秀的移民工人，保证了新来的移民能够填补澳大利亚国内市场劳动力的空白。

(3) 20 世纪 70 年代，废除了对亚裔和有色人种的歧视，移民政策的发展进入新阶段，采取了宽松的移民和安置政策。

(4) 1979 年弗雷泽政府开始用一种更加细化的被称为量化多因素评估体制的积分制取代结构化评估体制。该体制试图更多地强调移民的绝对技术水平。

(5) 在国际移民浪潮的压力下，澳大利亚政府自 20 世纪 80 年代以来都对现行的移民政策进行改革，试图加强对移民的控制和管理。1982 年，多因素评估体制被移民评估体制取代。

(6) 20 世纪 90 年代，制定出更加明确的技术移民政策。

2. 移民在澳大利亚劳动力市场中的现状。

(1) 移民情况，技术移民所占比重最大，家庭团聚类移民次之，人道主义移民最少。

(2) 移民就业情况，从技术移民的情况来看，来自印度的人数最多，排名第二和第三的分别是英国和中国。

(3) 移民职工的产业和职业状况，按照就业人数的多少排列，2011 年澳大利亚移民就业人数最多的产业是卫生保健和社会援助，其次是专业科学及技术服务行业，最后是制造业。移民职工多集中在专业人员、科技及贸易人员、文书与行政人员、经理、工人等职业上。

3. 日本劳动力输入体制。

日本国政府以《出入国管理及难民确认法》(以下简称《出入国管理法》) 来管理外国移民，通过居住身份决定其入境和就业，1990 年修订了《出入国管理法》，使技术移民进入日本更加容易，2004 年 6 月日本再次修改《出入国管理法》，修改的目的之一是减少非法滞留的数量，日本虽然劳动力短缺，但只接受具有专业技术、技能和知识的外国人，原则上不准许没有技能的外国工人就业。

4. 在韩国务工的非法滞留者产业的原因。

(1) 韩国全社会存在着大量的劳动力缺口。

(2) 产业技术研修制只适用于个别行业，渠道单一。

(3) 每年引进的研修生数量有限，难以满足韩国对劳动力的需求。

5. 中国香港过去的劳务输入计划。

中国香港输入外劳的政策经历了三个阶段。

第一阶段是大规模合法输入外劳政策的开始时期，中国香港实施的是“一般输入外劳政策”。

第二阶段是 1990 年 5 月，中国香港实施了“新输入劳工政策”，放宽和扩大了输入外劳的计划。

第三阶段是 1995 年年底对输入外劳政策的调整时期，中国香港于 1996 年 2 月实施了“补充劳工计划”，大幅减少输入外地劳工。

五、论述题

1. 答案要点。

(1) 日本虽然调整了产业结构并向国外转移了部分产业以缓和劳动力供需矛盾，但是，它在工业化国家中劳动力的老化最为严重，因此容易出现劳动力不足的情况。

(2) 中国台湾的失业率比较低，劳动力短缺将成为其经济建设的巨大障碍。由于工业部门不愿花费过多的钱雇佣当地的高价劳动力，一些公司无法找到其所需的劳动力，正计划输入外国劳工。

(3) 在中国香港，随着中国内地经济改革和内地经香港出口的激增，劳动力短缺在20世纪80年代开始出现，尽管其制造业工作岗位跨越边界进入广东，可是它对劳工的需求仍然有增无减。

(4) 澳大利亚由于地域辽阔，人口稀少，一直是传统的劳动力输入国。

(5) 韩国、新加坡在20世纪七八十年代解决了它在五六十年代曾面临的严重失业问题，也面临劳动力结构性的短缺问题。

2. 答案要点。

(1) 研修生制度。韩国1991年起允许海外投资企业以研修名义雇佣少量外籍劳工，1994年开始实施研修生制，规模引进外籍劳务。韩国政府为了解决中小企业雇佣劳动力困难的问题，于1993年11月开始实施研修生制度，引进外国劳动力，充实韩国劳动力市场。外国研修生分为产业研修生（签证为D-3）和就业研修生（签证为E-8）两种。

(2) 金卡制度。为了吸引更多的外国科技人才，2000年11月韩国开始实施相当于美国“绿卡”制度的“金卡”制度，从海外招聘高级人才，以帮助中小风险企业弥补高级技术人才的缺口。

(3) 外国人雇佣许可制。韩国劳动部于2004年8月开始执行“外国人雇佣许可制”，与研修生制度两制并行实施三年后，于2007年1月开始终止两制并行措施，实行“雇佣许可制”单一制度下引进外籍劳务的政策。主要依据的是2004年制定的《关于雇用外籍劳动者的相关法律》。2007年3月开始，作为雇佣制的特殊形式，韩国政府以“访问就业制”的方式引进“海外同胞”劳务（在韩国指中国的朝鲜族、俄罗斯的高丽人等）。

3. 答案要点。

(1) 外籍劳动力从1987年开始进入韩国，而最初韩国并没有具体的外籍劳动力政策，当时进入韩国的外籍劳动力大多是非法身份，并主要从事制造业、工矿业、建筑业等行业。

(2) 韩国的农林渔业、制造业、建筑业是雇佣外籍劳务较多的行业，2008年下半年开始，韩国经济开始企稳回升，但复苏较快的大都是技术和资本密集型、自动化程度高的电子行业等，用工人数不多，因此，韩国整体就业率并未成正比上升，劳动力密集型行业甚至出现了较大的下滑。

(3) 目前，韩国正在进行产业结构调整，相对较少使用外籍劳务人员的技术、资本密集型产业发展迅速，而相对较多使用外籍劳务人员的传统制造业逐步萎缩，因此，韩国对一般劳动力的需求将逐渐减少。预计韩国引进外籍劳务的总体规模会逐步缩小，不排除韩国政府对引进外籍劳务政策进行调整的可能。今后韩国引进外籍劳务人员的行业可能将主要集中于餐饮等服务业、建筑业、种植业、水产业和海运业。

4. 答案要点。

金融危机爆发后，随着新加坡本土失业率的提高，所谓客工跟本地人“抢饭碗”的问题日益凸显，各界要求政府限制外国人才和外国工人以减轻就业压力的呼声日渐强烈。主要措施有如下三项。

(1) 调高外劳税。调高外籍工人税（简称外劳税）是金融危机后新加坡调整外劳政策的核心内容。除了外籍女佣，持工作准证的外籍劳工税根据行业和用工比重的不同进行调整，最高可达每月 600 新元。

(2) 提高雇佣外籍劳工的门槛和从业资格。原来规定非熟练者只需持有相关行业证书便可获得熟练工人资格，但从 2009 年 6 月开始，所持有的相关行业证书都须获得所在国当局认可。

(3) 与金融危机前相比，新加坡外劳政策已有了明显的改变，雇佣外籍员工的成本和条件都相应提高。其目的是遏制外籍员工人数迅速增长的势头，减少对外国劳工的依赖，减轻外籍员工对中层经理和执行人员造成的竞争，把外籍员工所占比例控制在三分之一。

5. 答案要点。

(1) 中国香港已成为世界各国游客和商务访客的主要目的地之一，出入境事务处负责的工作主要分为两大类：第一类是对经海、陆、空三路出入境的人士施行管制；第二类是为本港居民办理各类证件，包括处理与《中国国籍法》有关的申请及根据基本法而提出的居留权声称、签发旅行证和身份，以及办理生死和婚姻登记手续。

(2) 入境管制，中国香港一向实施宽松和开放的入境政策。

(3) 引入人才及资金，海外专业人士如具备中国香港所需而又缺乏的特别技能、知识、经验或能够对本港经济做出重大贡献，便可根据一般就业政策申请来港工作。申请人须已确实获得聘用，而薪酬福利须与当前本港的市值工资大致相当，“优秀人才入境计划”于 2006 年 6 月 28 日实施，旨在吸引中国内地和海外的高技术人才或优秀人才来港定居，借以提升香港在全球市场中的竞争力。“资本投资者入境计划”于 2003 年 10 月 27 日实施。这计划的目的是让那些把资金带来中国香港投资，但不会在中国香港参与经营任何业务的资本投资者来港居留。

(4) 中国国籍事宜，香港回归后，入境事务处开始处理与《中国国籍法》有关的申请。

6. 答案要点。

(1) 制定法律引进国外劳工。

(2) 中国台湾向大陆或者其他地区转移部分产业。

(3) 促进中高龄人口就业。

六、案例分析题

结合案例材料并参考教材中的相关内容作答。

(1) 调高外籍劳工税。低层次外籍劳动者的雇佣税高于高层次外籍劳动者的雇佣税。

(2) 注重高技术人才的引进。积极接纳高层次、高水平的劳动力及有投资能力的经营者，力争将低学历、低层次的外籍劳务的输入限制在最小范围。

(3) 严惩非法就业、非法入境者。

(4) 金融危机后，新加坡政府的劳务政策主要倾向于遏制外籍员工人数迅速增长的势头，同时注重劳务输入的高质量。

第4章 欧美等国家和地区的劳务输入与移民政策

考核内容

本章主要阐述了欧美等国家和地区的劳务输入与移民政策。主要考核内容包括：英国劳动许可制度的含义；英国劳动许可发放的前提、范围、申请手续、有效期，以及可以免除劳动许可的情形；英国的职业培训与经验积累制度；英国的居留许可制度；英国的国民保险制度和所得税制度；当前英国外籍人政策的特征；美国新移民法较之旧移民法的改动；美国“1990移民法”中对各类移民数量的分配；美国劳动部对社会职业的类别划分及各类社会职业对移民的接纳态度；美国对移民和非移民的劳动许可制度；法国的居留许可、居住许可的申请条件；法国劳动许可的审查、发放制度及特殊规定；法国的外籍人归国奖励政策；法国的民族融合政策；德国劳动许可的发放、申请的驳回、吊销、失效及免除制度；德国的居留许可制度；德国的外籍劳工政策特点；德国在外籍人管理中的问题及导致该问题的原因。

一、欧美等国的劳务输入与移民政策的总体概况

第一，第二次世界大战后，由于各国经济发展不平衡，世界出现了劳动力国际大流动的热潮，而欧洲、北美洲及澳大利亚是劳动力汇集的主要舞台。

第二，20 世纪 50 年代后，葡萄牙、意大利等南欧国家，以及土耳其、黎巴嫩、阿尔及利亚等地中海沿岸的贫困国家的剩余劳动力纷纷涌向联邦德国、法国、瑞士等北欧与西欧的经济崛起国家。

第三，墨西哥和加勒比海沿岸的劳动者大量涌向美国及加拿大。

第四，英国则吸收了大批原殖民地的移民。

二、英国的劳务输入

（一）英国的移民史概述

（1）早在 18 世纪初，就有外籍人从西印度群岛、亚洲、加勒比海群岛等地区向英国移居，英国政府在 1902 年就设置了限制移民的立法劝告委员会，并于 1920 年颁布了《外籍人法》，开始有选择地限制外籍人的迁入。

（2）第二次世界大战后，英国本土内劳动力短缺，导致各种移民开始大量涌入。

（3）从第二次世界大战后到 20 世纪 60 年代初，仅欧洲大陆迁往英国的移民就约有 50 万人，印度帝国被肢解为印度与巴基斯坦两个国家，造成大量难民移居英国，使英国本土内的移民暴增。

（4）20 世纪 60 年代，原来是英国殖民地的东亚诸国相继独立，英国于 1968 年颁布了相应的《英联邦移民法》。

（5）1971 年重新颁布了《移民法》。该法是在对以往的出入国管理条令进行整理、综合的基础上制定的，并以在联合王国是否有居住权来区别是否成为出入境管理的对象。

（6）1981 年，英国颁布了《英国国籍法》，并于 1983 年开始实施。

（二）英国的劳动许可制度

1. 原因

英国政府为适应因国内劳动力不足，有些雇主需招聘外籍劳动者的现实需求，遵照移民法，颁布了劳动许可制度。

2. 具体内容

（1）劳动许可的发放前提。

（2）劳动许可的发放范围。

（3）劳动许可的申请手续。

（4）劳动许可的发放方式，未在英国境内的英联邦市民的劳动许可申请如获准，有关部门将通过正式途径，直接寄给本人；其他外籍人的劳动许可申请如获准，原则上寄给雇主，由雇主负责转给本人。

（5）劳动许可的有效期，原则上劳动许可的有效期仅为一年。

（6）免除劳动许可的情形。

(7) 职业培训与职业经验积累。

(8) 有关雇佣外籍学生的规定，联合王国的劳动许可制度还允许非欧盟成员国的青年学生，为提高自身的英语能力、积累工作经验而到英国工业、商业部门工作。但受雇学生必须作为定员外编制，称为“学生职工”，而且只允许特定的雇主雇佣学生。雇主从雇佣事务所或工作中心领取固定格式的申请表，填好后交到指定部门审批。从审批到获准，至少需要六周时间。有关部门审批同意后，将劳动许可发给雇主，由雇主转交给外国学生。对学生职工的具体要求：年龄一般为18～35岁，受雇期不得超过一年，不准要求转为正式职工，劳动许可到期后，必须立即回国。

3. 英国的居留许可制度

(1) 外籍人到英国后最初可凭劳动许可取得居留许可。居留许可期满后如希望继续留在英国，可向内务部移民国际局申请居留延期。

(2) 提交下列材料：护照、劳动许可证、警察署登记注册证明或就业资格证明、雇主同意继续雇佣的证明及保证该外籍劳动者只从事他所获准的工作的书面材料。

(3) 在申请者获准继续受雇后，内务部将酌情批准其居留适当延长。已合法受雇四年的外籍人，有资格向内务部申请长期居留许可。申请一经批准，就意味着可以定居，不再受有关居留规定的制约，并能自由就业，也不必再到警察署登记注册。

(4) 根据英国移民法条例，外籍劳动者的妻子与未满18岁的未婚子女可随之同居英国，且其妻子在英国就业不受限制。但在该劳动者获准定居之前，原则上其妻子以外的被抚养家属不准入境，被抚养家属赴英前，必须先到驻本国的英国大使馆、领事馆或高级专员事务所领取入境资格证明书，还必须提交劳动者可凭自己能力负担被抚养家属全部费用的保证书，妇女外籍劳动者的丈夫无资格作为被抚养家属入英，他只能靠自身取得入境资格。

4. 外籍劳动者入境后的注意事项

(1) 携带本人护照、劳动许可证去警察署登记注册，领取登记注册证明书。

(2) 英国实施国民保险制度与联合王国所得税制度，因此，外籍劳动者入境后，在大不列颠要向卫生社会保险部、在北爱尔兰向卫生社会服务部申请国民保险号。

(3) 在英国，只要有工资收入，就必须缴纳所得税。税务署从雇主那里接到雇员开始工作的通知后，会立即送上应填写的纳税申报表，并确定应缴纳的税额。所得税通常也是雇主从劳动者工资中扣除。

5. 英国外籍人政策的现状

(1) 近年来，英国接纳的移民总数量基本是每年递增，在2009年达到最大值后，移民总人数的增长趋势有所下降，2011年后才开始回升。

(2) 近年来，英国在接纳移民的数量方面虽然有所增加，但是发放的劳动许可数量增长较快。

三、美国的劳务输入

(一) 美国移民政策的演变

(1) 19世纪初，美国政府正式推出它的移民政策，并分别于1917年和1924年颁布了

《移民法》及《移民国别分配法》。这两部法律也是当今美国移民法的雏形。

(2) 1917年颁布的《移民法》旨在禁止特定的外国移民入境，以从“质”上限制移民。

(3) 1924年颁布的《移民国别分配法》则规定按国别分配移民数额，以从“量”上限制移民。

(4) 1965年10月美国政府颁布了有效期为20年（1965～1985年）的《移民国际法修正条例》，改移民国别分配制度为以家属团聚为主的制度。

(5) 1978年，卡特政府提出了对雇佣非法入境者的雇主进行惩罚的方案，并设立了移民、难民政策评论会。

(6) 1981年，移民、难民政策评论会提出了移民法修正案。根据此修正案重新制定的移民法于1986年11月6日正式生效。

(7) 1990年10月20日，制定了“1990移民法”。新移民法于同年11月29日经布什总统签字后，正式生效，该法案的一般性条款于1991年10月1日起开始实施，某些有针对性的条款则分期实施。

（二）美国移民政策的现状

(1) 移民数量的分配：接纳移民数量、移民国家。

(2) 移民政策的特点：把移民按类排序分配名额，实行优先制度，在审批时，按申请时间优先顺序进行，上位未用完的定额可移加给下位。

(3) 接纳移民与劳务输入：美国现行移民法规定，属于美国公民和定居者的家属那部分移民，可自由在美国就业，据说其半数以上都在工作。

(4) 为了便于审批移民工作，美国劳工部把社会主要职业分为ABC三大类：A类是劳工部认定在美国国内短缺的且由移民来填补也不会影响国内劳动力市场的那些职业，比如，科学、艺术领域内的卓越人才，从事宗教工作的外籍人，跨国企业的管理者、经营者。B类是经美国劳工部认定美国国内有足够从事这类工作的劳动者，且这类工作一旦由外籍人担当便会给同工种的美国劳动者的工资、劳动条件等带来不良影响的一些低技术性职业，比如，烤面包工助手、调酒师、园艺师。C类职业是1965年修改移民法后，于1967年添加的。它系指在美国部分地区招工困难的职业，比如，电器修理工、外科手术医生助手、会计助手。

（三）美国的劳动许可制度

(1) 对非移民的劳动许可制度，共有17大类别签证，商务与就业占7种，其中B-1、E-1、E-2、L-1签证为商务签证，签证时居留期最多批准半年，其中还可申请延长半年。H-1（分为H-1a、H-1b）、H-2（分为H-2a、H-2b）、O签证为就业签证。

(2) 对移民的劳动许可制度，美国现在每年接纳的42.11万名限量移民中，与美国市民及定居者有亲属关系的54%那部分，移民美国不一定需要劳动许可，然而，其余46%那部分，获准长期劳动许可则是移民美国的前提条件。

四、法国的劳务输入

(一) 法国的移民政策概述

(1) 1945 年，首次提出有关外籍人的管理条例，开始实施居留许可、劳动许可制度，并制定了将触犯法国公共秩序的外籍人驱逐出境的规则。

(2) 第二次世界大战后，从经济复兴到高速成长期，法国虽没有像德国那样有意识地到国外招募劳动者，但对外籍人到法国就业并不限制，所以这一时期在法国的外籍人数一直呈上升趋势，然而，这一时期法国政府对外籍人的限制并非完全出于经济方面的考虑，更主要的是为了维护国内正常的公共秩序。

(3) 20 世纪 70 年代受世界性石油危机的影响，法国经济也陷入不景气状态，失业率不断上升。

(4) 1980 年，法国政府颁发了严厉禁止外籍人非法入境、非法居留的法律条例，并对已合法在法国居留的外籍人，也视劳动力市场的具体情况，决定是否对其居留许可予以更新。

(5) 1981 年，社会党竞选获胜后，密特朗政府为了减少民族矛盾、维护国内安定，批准执意不归的外籍人在法合法定居，从而使 1981 年前非法入境的外籍劳动者全部获得劳动许可。

(6) 1983 年法国政府又一次制定了新的限制办法。

(7) 1984 年 7 月，法国政府对劳动许可与居留许可制度作了大幅度修改，修改后的劳动许可证与居留许可证合为一体。这次修改使在法国的外籍人有了比较安定的地位，一旦获得居住许可，便可在法国各地自由就业。

(8) 1986 年，法国议会中保守党占多数，希拉克组阁后，大力排斥外籍人的极右派——国民战线势力逐渐扩展，希拉克采取了严厉措施，规定非欧盟成员国人来法，即便是短期观光旅行也要签证，而且对违法入境者采取立即驱逐出境的措施。

(二) 法国的居留许可与劳动许可制度

法国的居留许可制度分为《临时居留许可》和《居住许可》两种，具许可证由省级警察长官负责发放。

1. 居留许可

(1) 条件：初次到法国并欲停留三个月以上者，原则上须申请临时居留许可，获准者可在法国停留一年。

(2) 发放对象：一类是只在法国停留一定时间的外籍访问人员、学生和短期劳动者；另一类则是打算在法国长期居住，但因条件不同而暂凭临时居留许可在法居留的外籍人。通常这类人员中以劳动者居多。

(3) 相关审核材料：本人携带本国户籍抄本（若有配偶及子女要带户籍副本）、护照、签证、健康诊断证明、照片等向居住地的警察署提出。为证明自己的停留资格，还必须同时提交与身份相符的证明。

(4) 后续工作：申请若被受理，可得到相当于临时居留许可的申请受理证，当获准领取临时居留许可证时要交纳特别支付税。该证更新时的手续与申请时大体相同，但必须在旧许可证到期前2～3个月内提出申请。

2. 居住许可

(1) 范围：在法国合法居住三年以上，并满足特定条件的外籍人可获得居住许可。

(2) 申请条件：①申请者至少在法国持续居住三年以上；②申请者有相当的经济收入；③申请者遵守法国的社会公共秩序。

(3) 直接发放人员：①结婚一年以上，且一直共同生活的法国人之外籍配偶；②已加入法国国籍者的尚须抚养、未满21岁的子女及本人与配偶须供养的双亲；③持有法国国籍儿童、居住在法国并对该儿童要履行抚养义务、行使父母权利的双亲；④伤害程度在20%以上（含20%）的工伤抚恤金享受者（仅限受雇于法国法人企业时期的受伤者）；⑤持有居住许可的外籍人的已获准在法国停留的配偶及其未满18岁的子女；⑥获得政治流亡资格者；⑦能证明已在法国停留三年以上的外国籍的外国人；⑧无犯罪史并从十岁前持续在法国居住者或合法在法国居住十年以上者。

3. 法国政府对居留许可与劳动许可制度的修正

1984年法国政府对居留许可与劳动许可制度修正后，劳动许可证现已不独立存在，而是有关部门在《临时居留许可证》上注明“工资劳动者”标记，以此表示劳动许可。

4. 法国的外籍人归国奖励政策

(1) 法国政府自1974年便开始采取了归国奖励措施，并于1977年制定了“归国奖励制度”，1980年1月1日正式将其法律化，规定由政府、失业保险部门及企业对归国的外籍人提供相应的经济援助。

(2) 这一政策规定细致、代价颇高。

5. 法国的民族融合政策

(1) 增强外籍人对职业的适应，政府出资组织各种职业培训班，让外籍人接受准职业教育及职业培训，以便能掌握一定的技术，获得稳定的就业机会。

(2) 增强外籍人对法国社会、文化的适应，法国政府积极为外籍人免费开设法语讲座，以使他们及早通过语言关。此外，还对外籍人士设立妇女活动中心，举办各种文体活动，进行普法教育等。同时，政府还积极向法国人宣传、介绍有关外籍人的各种集体活动，也让法国人尽可能理解异国文化。

(3) 增强外籍人对学校教育的适应，法国教育部为在法的外籍儿童准备特别的法语教程，并努力培养专门从事外籍人教育的人才。

(4) 为外籍人创造民族环境，法国政府在尽力开办拥有各国原文书籍的图书馆、举办移民节日等的同时，还请有关政府部门协助在法国开办本国语言、文化讲座，以使外籍人有宾至如归的感觉。

(5) 对外籍人住宅实施优惠政策，针对外籍人，特别是非洲人因租不到公寓，低薪的外籍劳动者往往集居在一起而形成贫民街的现状，法国政府决定优先为企业提供用于为外籍劳动者建设住宅的援助资金与贷款。

(6) 鼓励外籍人积极参加社会活动，历届法国政府逐步从法律上取消了对外籍人的种种限制，从而使他们能像法国人一样，参加各种社会活动。

(7) 促进合乎条件的外籍人加入法国国籍，1983年法国政府通过法律废除了“取得法国国籍的外籍人十年内无被选举权”这一规定，使已获得法国国籍的外籍人开始享有法国人所有的权利。

6. 外籍人的入境情况

(1) 法国政府严格实施居留许可与劳动许可制度，限制外籍人入境，从而使新入境的外籍人数明显减少。

(2) 法国新接纳的外籍劳动者有下述明显特点：职业资格等级提高了，简单的体力劳动者减少，而技术工人及管理人员增多；从事第三产业中服务行业与销售行业的人员增加；女性外籍劳动者增多。

五、德国的劳务输入

(一) 德国劳务输入政策的演变

(1) 早在1955年，联邦德国就与意大利签署了招募劳务的协定。

(2) 在1960年前，大量劳动力还可直接从民主德国流入，为联邦德国劳动力的补充提供了一条稳定的渠道。

(3) 1961年柏林墙建成后，限制了民主德国人的进入，从而使联邦德国劳动力不足的问题完全显露出来。

(4) 20世纪60年代，联邦德国先后与西班牙、葡萄牙、希腊、土耳其、南斯拉夫等8个国家签署了招募劳务的具体协定，联邦德国雇佣厅为受权负责招募劳务的政府级部门。此外，还在协议国的主要城市设立德国委员会，派专职人员从事招募工作。当雇主在国内招不到足够劳动力时，可通过联邦德国雇佣厅向设在国外的德国委员会求援，该委员会在协议国的帮助下，代替雇主进行招募、筛选，招募费及被招人员的旅费等诸项费用均由雇主承担，入选者只要在雇佣契约书上签字，则契约生效。

(5) 1973年年末，彻底调整了雇佣外籍劳动者的方针，一改积极的劳务输入政策为严格限制劳务输入的政策。

(6) 1973年11月，联邦德国单方中止了过去与西班牙、希腊、土耳其等国签订的有关劳务的两国协议，停止了新的劳务输入。

(二) 联邦德国的劳动许可制度、居留许可制度

1. 劳动许可制度

(1) 发放前提：外籍劳动者本人或委托雇主向职业安置所提出申请。

(2) 申请材料：申请人的居留许可、护照、雇佣契约书，若无雇佣契约书，则必须提交有雇主署名的雇佣关系与工种证明。

(3) 分类。第一，一般劳动许可。职业安置所根据劳动力市场情况，即在确认申请者提出的工作申请是德国人及欧盟成员国的劳动者皆不愿从事的职业后才予以发放；发放办法，通常是对初次受雇的外籍劳动者发给为期一年的该许可，一年后，如当事人希望继续工作，且劳动力市场允许，再发给他为期两年的该许可，两年后，对希望继续受雇者，职业安置所视劳动力市场情况酌情发给为期两年或三年的一般劳动许可；1973年后，因联邦德国政府开始严格限制劳务输入，所以现其境内持一般劳动许可的外籍人不多。第二，特

别劳动许可。有部门、职业和地区限制，也不受优待德国及欧盟成员国劳动者这一条件的约束，它分为有期（五年）特别劳动许可与长期特别劳动许可两种，在德国持续、合法受雇八年者可获得长期特别劳动许可。

(4) 劳动许可申请的驳回：进行非法的国际性职业介绍或在联邦德国境内进行非法的职业介绍者；经非法招募或斡旋而受雇者；与同工种的德国人相比，劳动条件恶劣者；无联邦雇佣厅许可而在德国受雇者；劳动许可已被吊销或失效者。

(5) 劳动许可的吊销。

(6) 劳动许可的失效。当发生下述任何一种情况时，劳动许可失效。①居留许可到期或不准继续居留；②持许可者离开德国六个月以上；③因鉴定师徒契约而获准的特别劳动许可随师徒契约期满或中止而失效。

(7) 劳动许可的免除：①具有法人资格的企事业的代表；②受雇于德国境内企业的国际运输司机及国际国内航线船员、飞机乘务员；安装、处理进口成套机械设备的外国企业的雇员（工作时间限两个月内）；③经常旅居国外的外籍人，特别是从事科学、艺术的专业人员及参加在德国境内举办的体育大会的选手，但停留期不得超过两个月；④大学教员、研究员，公共研究机关的研究员，公立学校的研究员或被认可的私立学校的教员；⑤外国记者、通讯员及被联邦德国政府新闻当局承认者；⑥专业体育选手；⑦在联邦德国大学或职业培训学校学习的外籍学生，每年打工不超过两个月者，到联邦德国休假的外国大学或职业培训学校学生，以及由联邦德国雇佣厅组织到联邦德国休假的外国学生；不受外国人管理法约束或根据此法规定不需居留许可者。

2. 居留许可制度

(1) 居留许可：居留许可主要分为有期居留许可和长期居留许可两种，但均有地区限制。其申请手续可直接到外国人管理局下设在各市、镇、村的外国人事务所办理。申请人若对外国人管理局的批复持异议，还可直接到行政法院上诉。

(2) 有期居留许可。外籍劳动者初次申请居留许可时，必须有正规的劳动许可方能得到有效期一年的居留许可，该许可允许更新两次，每次期限为两年，已获得该许可的外籍劳动者家属申请居留许可时不需劳动许可，未满 16 岁的外籍劳动者的子女不需居留许可，只要到行政当局登记备案即可。

(3) 长期居留许可。凭有期居留许可连续在联邦德国合法居住满五年的外籍人（该期间内有数日离开亦无妨），若能满足下述四个条件，有资格申请长期居留许可。

(4) 居留资格：居留资格无地区与时间限制，是一种自由度最大的居留许可，有此资格的外籍人在社会生活中，其地位与德国人平等。连续八年在联邦德国合法居住的外籍劳动者及其家属，在满足了下述四项条件后，可申请取得居留资格：①劳动者须有特别劳动许可；②达到了对居住、子女教育要求的条件；③有相当的德语水平，能通过德语能力测验；④能适应联邦德国的经济、社会结构。

(5) 居留终止：有期居住许可到期后，如不更新或更新未获准，居留许可便自动失效。此外，当被认为危害到德国的安全、有损其政治利益或违反居留许可、劳动许可规则之时，也可以通过命令离境、驱逐出境的手段强制终止居留。

3. 外籍劳工政策特点

(1) 严格限制外籍人在该国就业，督促居住该国的外籍劳动者归国，为实现国内安定而推行民族融合政策。

(2) 为敦促外籍劳动者早日回国，联邦德国政府一是用法律限制他们在该国的停留；二是对归国者进行奖金援助。

(3) 联邦德国政府 1983 年颁布了《外籍人归国准备促进法》，并将其政策化、具体化。

4. 外籍人管理中的问题及外籍劳动者现状

(1) 政府有关部门职能交叉，多重管理造成局部失调。

(2) 外籍劳动者本身缺乏回国动力。劳务输出国家经济相对落后，绝大部分外籍劳动者在德国学到的技术回国后难以致用，而且，因货币价值不同，其经济收入远比国内优厚；一旦他们回国，势必给本国家属生活带来很大影响，且回去后，就很难再返回德国。

重点和难点

本章应掌握的主要知识点包括：(1) 英国的劳动许可制度；(2) 英国的居留许可制度；(3) 美国的劳动许可制度；(4) 法国的居留许可与劳动许可制度；(5) 法国的民族融合政策；(6) 联邦德国的劳动许可制度、居留许可制度。

同步综合练习题

一、单项选择题

1. 曾有"日不落帝国"之称的国家是（　　）。

A. 英国　　B. 美国

C. 中国　　D. 西班牙

2. 英国政府在 1902 年就设置了限制移民的立法劝告委员会，开始有选择地限制外籍人的迁入，于 1920 年颁布了（　　）。

A.《英联邦移民法法案》　　B.《外籍人法》

C.《移民国别分配法》　　D.《移民国际法修正条例》

3. 为了制约那些来自第二次世界大战后获独立的英联邦国家的移民，英国政府于 1961 年 10 月推出了（　　）。

A.《外籍人法》　　B.《移民国别分配法》

C.《移民国际法修正条例》　　D.《英联邦移民法法案》

4. 20 世纪 60 年代，为了有效地控制原英属殖民地市民的迁入，英国于 1968 年颁布了相应的（　　）。

A.《外籍人法》　　B.《英联邦移民法法案》

C.《英联邦移民法》　　D.《移民国际法修正条例》

5. 在大不列颠获准受雇的外籍人，劳动许可的发放机构是（　　）。

A. 就业部　　B. 劳动力服务局

C. 社会保障局　　D. 英国政府秘书办

6. 在北爱尔兰获准受雇的外籍人，劳动许可的发放机构是（　　）。

A. 就业部　　B. 社会保障局

C. 经济开发部　　D. 劳动力服务局

7. 未在英国境内的英联邦市民的劳动许可申请如获准，有关部门将通过正式途径，寄给（　　）。

A. 雇主　　B. 本人

C. 就业部　　D. 中介机构

8. 原则上，在英国劳动许可的有效期仅为（　　）。

A. 半年　　B. 一年

C. 二年　　D. 三年

9. 根据英国移民法，在英国本土就业的外籍人若变换工作，在大不列颠要得到（　　）的批准。

A. 英国首相　　B. 经济开发部

C. 就业大臣　　D. 劳动力服务局

10. 雇主从雇佣事务所或工作中心领取固定格式的申请表，填好后交到指定部门审批。从审批到获准，至少需要（　　）时间。

A. 三周　　B. 六周

C. 九周　　D. 十二周

11. 近年来，英国接纳的移民总数量基本是每年递增，达到最大值是在（　　）。

A. 2009 年　B. 2010 年　C. 2011 年　D．2012 年

12. 世界上最大的移民接纳国家是（　　）。

A. 日本　B. 英国　C. 加拿大　D. 美国

13. 1965 年 10 月，美国政府颁布了有效期为 20 年（1965～1985 年）的《移民国际法修正条例》，改移民国别分配制度为以（　　）为主的制度。

A. 技术移民　B. 朋友团聚

C. 家庭团聚　D. 种群团聚

14. 1965 年 10 月美国政府颁布了《移民国际法修正条例》，首次明确规定，欲招募外籍劳动者的雇主必须事先得到（　　）的批准。

A. 国务大臣　B. 劳工长官　C. 议会大臣　D. 总统

15. 1986 年美国修改移民法的主要目的是（　　）。

A. 针对非法移民采取措施　B. 保护合法移民的权益

C. 加强接纳有益于美国的技术人才　D. 配合移民者们的家庭团聚的目的

16. 较之旧移民法，美国新移民法改动最大之处是（　　）。

A. 移民总数上限的改动　B. 移民身份的审核

C. 构成人员的改动　D. 接纳移民所在国的改动

17. 美国移民政策的最大特点是（　　）。

A. 效率高

B. 程序复杂

C. 把移民按类排序分配名额，实行优先制度

D. 有利于引进高素质人才

18. 移民美国人数最多的是（　　）。

A. 欧洲　B. 美洲　C. 非洲　D. 亚洲

19. 法国首次提出有关外籍人的管理条例是（　　）。

A. 1945 年　B. 1946 年　C. 1947 年　D. 1948 年

20. 法国现行的居留分为《临时居留许可》和《居住许可两种》。其许可证由（　　）负责发放。

A. 法国总统　B. 省级警察长官

C. 就业部　D. 劳动部

21. 在法国的工资劳动者提出的居住许可申请由（　　）负责审查和发放。

A. 法国总统　B. 省级警察长官

C. 省雇用劳动管理局　D. 就业部

二、多项选择题

1. 在接纳外籍劳动者问题上，即便属于同一类型的国家，在对待外籍人的策略、措施及具体法规也不尽相同，具体原因有（　　）。

A. 经济基础不同　B. 工业化程度不同

C. 科技水平不同　　D. 人口结构具有差异

E. 歧视政策

2. 英国的殖民地主要在（　　）。

A. 亚洲　　B. 欧洲　　C. 非洲　　D. 北美洲

E. 拉丁美洲

3. 在18世纪初，向英国移居的主要地区有（　　）。

A. 荷兰　　B. 西印度群岛

C. 巴尔干半岛　　D. 亚洲

E. 加勒比海群岛

4. 第二次世界大战后，英国本土内劳动力短缺，导致各种移民开始大量涌入。这一时期的移民主要构成是（　　）。

A. 印度尼西亚海啸造成的难民

B. 东欧的政治流放、流亡者

C. 意大利、德国、奥地利、西班牙等西欧与南欧国家出生者

D. 西印度群岛、西非、亚丁、索马里、塞浦路斯、马耳他、印度、巴基斯坦等英属殖民地出身者

E. 新英联邦国家出身者

5. 英国1971年重新颁布了《移民法》，该法规定（　　）。

A. 在联合王国有居住权者为本国人，不在出入境管理之列

B. 在联合王国无居住权者为非本国人，属出入境管理对象

C. 外籍人，包括非本国人的英联邦国民，初次到英国就业，一般只能在特定的场合就特定的工作获得一年的劳动许可，获准入境者若无就业部的许可，不准调换工作，并且要在警察署登记注册

D. 最初一年的居留许可期满尽，如果能继续受雇（须得到有关部门认可），才可获准居留延期

E. 在英国持续工作五年后便能获得永久居住权，以后就无须再到警察署登记注册。

6. 在英国，管理劳动许可的职能机构是（　　）。

A. 就业部　　B. 劳动力服务局

C. 欧盟　　D. 英国政府秘书办

E. 社会保障局

7. 下述哪些外籍人员亦不需劳动许可（　　）。

A. 英国市民及欧盟成员国的国民在英国就业

B. 专职宗教工作者或在宗教组织设立的机构及设施内从事教育者

C. 被英国政府长期认可的外国报社、新闻报道机构的特派员

D. 根据英国教育部或有关机构实施的交流计划，赴英国学校任教的教师及其翻译

E. 按获准的合同到英国工作的季节性农业劳动者

8. 英国职业培训与职业经验积累制度的批准实施前提有（　　）。

A. 就业不能确认当事外籍劳动者在接受职业培训或进行职业经验积累后会立即回国

B. 当事外籍劳动者及其雇主必须保证培训或经验积累结束后，该劳动者不能转为正

式雇员

C. 外籍劳动者具备该项制度所要求的一切条件，通过培训或经验积累会大有收益，同时能提交所必备的知识与资格证明

D. 外籍劳动者经职业培训所取得的资格回国后能得到承认

E. 进行职业经验积累的外籍劳动者年龄要在 18～35 岁，并缺乏该项工作经验

9. 外籍人居留许可期满后如希望继续留在英国，可向内务部移民国际局申请居留延期。申请之际须同时提交下列材料（　　）。

A. 有关部门所定标准的证明

B. 护照、劳动许可证

C. 警察署登记注册证明或就业资格证明

D. 雇主及当事外籍劳动者同意批准申请所附带的一切条件保证书

E. 雇主同意继续雇佣的证明及保证该外籍劳动者只从事他所获准的工作的书面材料

10. 根据资料显示，居住在美国的外籍人大致划分为（　　）

A. 移民　　B. 难民

C. 美国本土人士　　D. 非移民

E. 非法入境居留者

11. 构成当今美国移民法的雏形的两部法律是（　　）。

A. 《移民国际法修正条例》　　B. 《移民法》

C. 《外籍人法》　　D. 《外籍人归国准备促进法》

E. 《移民国别分配法》

12. 美国劳工部把社会主要职业分为 ABC 三大类，其中属于 A 类的职业有（　　）。

A. 科学、艺术领域内的卓越人才　　B. 跨国企业的管理者、经营者

C. 从事宗教工作的外籍人　　D. 护士

E. 调酒师

13. 美国劳工部把社会主要职业分为 ABC 三大类，其中属于 B 类的职业有（　　）。

A. 簿记员　　B. 火车、汽车售票员

C. 护士　　D. 研磨工

E. 焊接工助手

14. 美国劳工部把社会主要职业分为 ABC 三大类，其中属于 C 类的职业有（　　）。

A. 科学技术工程师　　B. 图书馆图书管理员

C. 烤面包工助手　　D. 服装设计师

E. 宝石工艺工

15. 1983 年法国政府又一次制定了新的限制办法，具体内容包括（　　）。

A. 非法入境的外籍劳动者全部获得劳动许可

B. 仅对阿尔及利亚、突尼斯、摩洛哥人发放特别身份证，只接纳持此证明者

C. 法国政府对劳动许可与居留许可制度作了大幅度修改，修改后的劳动许可证与居留许可证合为一体

D. 增加 55 名劳动检察官，对劳动力市场实行监督

E. 对雇佣非法外籍人的雇主予以严厉惩处，罚款数额高达原定的 4 倍

16. 法国劳动许可申请的审查主要集中在以下四个方面（　　）。
A. 是否因雇佣外籍人而影响了法国人的就业
B. 是否遵守劳动法中有关雇佣外籍人的规定
C. 能证明已在法国停留三年以上的外国籍的外国人
D. 雇主有无以低薪雇佣外籍人之行为
E. 雇主是否确保了外籍劳动者的住房

17. 在法国，民族融合政策已渗透到了社会的各个领域，并取得了一定效果。其具体措施是（　　）。
A. 增强外籍人对职业的适应
B. 增强外籍人对法国社会、文化的适应
C. 增强外籍人对学校教育的适应
D. 对外籍人住宅实施优惠政策
E. 促进合乎条件的外籍人加入法国国籍

18. 在德国，一般劳动许可发放的对象主要是（　　）。
A. 持续合法地在德国居住了两年的外籍劳动者之配偶
B. 持续合法地在德国居住了四年的外籍劳动者之配偶
C. 18 岁前随父母到德国，并持续、合法地居住了两年的外籍劳动者之子女
D. 难民认定申请获准后，在德国居住满五年者
E. 根据承包契约、季节契约到德国的东欧各国劳动者

19. 在德国，劳动许可申请驳回的情况有（　　）。
A. 进行非法的国际性职业介绍或在联邦德国境内进行非法的职业介绍者
B. 经非法招募或斡旋而受雇者
C. 与同工种的德国人相比，劳动条件恶劣者
D. 无联邦德国雇佣厅许可而在德国受雇者
E. 劳动许可已被吊销或失效者

20. 在德国，下述情况的外籍劳动者不需劳动许可的有（　　）。
A. 大学教员　　B. 研究员
C. 外国记者　　D. 专业体育选手
E. 不受外国人管理法约束或根据此法规定不需居留许可者

三、名词解释

1. 临时接纳型
2. 永久接纳型
3. 特定的工作
4. 职业培训与职业经验积累制度
5. 学生职工

四、简答题

1. 简述第二次世界大战后世界范围内劳动力国际大流动热潮的具体表现形式。

2. 简述英国劳动许可的发放前提。

3. 简述英国劳动许可的发放范围。

4. 在英国，外籍劳动者入境后的注意事项有哪些?

5. 法国新接纳的外籍劳动者有哪些特点?

6. 德国对外籍劳动者政策的特点有哪些?

五、论述题

1. 较之旧移民法，试述美国新移民法的改动。

2. 试述美国的劳动许可制度。

3. 试述法国第二次世界大战以后的移民政策及相对应时期政策改变的原因。

4. 试述法国的民族融合政策。

5. 试述第二次世界大战后德国劳务输入政策的演变。

6. 试述德国外籍劳动者现状。

六、案例分析题

欧洲移民政策及其趋势分析

移民政策通常指国家从自身利益出发制定的控制移民的政策。影响移民政策制定的因素是多方面的，分析这些因素才能理解各国政府对移民政策的选择，以及最终形成的欧洲移民政策趋势。在国家层面上和欧洲层面上，不同阶段形成了不同的政策，总体上形成了两种趋势。

一、国家层面上的移民政策趋势：从宽松到严格再到宽严结合

从移民接受国的角度来看，要考虑它们选择接纳或限制移民的依据，这些依据决定了接受国的移民政策。移民显然会受到有关国家政府从自身利益出发制定的政策的影响。这种自身利益可以从国内和国际两个层面来看。国内层面主要是考虑经济和政治两个方面。从国内经济上看，一方面不可否认移民对欧洲各国经济发展的推动作用，政府欢迎廉价的移民劳动力，包括技术工人，也包括那些承担当地人不愿承担劳动的非技术工人。所以在战后经济繁荣时期，欧洲国家都在积极招募来自国外的移民劳动力，并给这些外籍劳动力提供优惠政策以吸引他们参加本国经济建设。因此20世纪50年代和60年代各国移民政策可能差异很大，但总体上看是相当自由的，北欧的有殖民历史的国家需要工人，乐意从原殖民地招募。20世纪50年代，英国就允许以原大英帝国的公民进入“母国”，并给这些移民与其他公民相同的权利，不过1962年后这种权利被削减。法国因为生育率下降，也给予那些来自法国管理的加勒比地区，或前北非殖民地的移民以公民权。联邦德国在一定程度上也允许自由移民，特别是来自民主德国或其他东欧国家或苏联的“有德国血统的”人。在20世纪60年代，因为柏林墙的建立，联邦德国开始积极寻求通过与如土耳其、摩洛哥、突尼斯等国家签订政府间协议来增加青年男性工人的临时移民入境。但另一方面，移民也可能给接受国带来经济负担，从而带来其他的一系列问题。同样出于经济因素的考虑，移民政策在1973～1974年石油危机后突然发生逆转。大多数国家都通过立法手段限制进一步移民，也鼓励已经定居的客籍工人回到其来源国。但这些政策成效不大。对于很多在德国和其他国家已经定居并成立家庭的客籍工人（guestworker），各国政府不愿采取侵害人权

的措施，拆散他们的家庭，因此外籍劳工的家庭成员也可以移民进入，与家人团聚。这样对移民流动控制的重点就由劳工移民转移到谋求家庭团聚的劳工亲属。因此这一时期各国都采取了比较严格的移民政策。通常当政府认为移民会带来社会和政治问题的时候，都会严格控制移民数量，当然从经济发展的角度考虑，具有高技术人员身份的移民还是很受欧洲国家欢迎的。

国内政治因素对移民政策的影响相对更为复杂。欧盟的基本原则是民主、人权和法制，这些国家普遍认为出于人道主义考虑，有义务为那些可能受到迫害的人提供一个安全的环境，当然这也是现在国际公认的原则。对难民流动限制的原因更多是经济方面的，因为难民通常会被认为影响到公共福利。此外，社会安全等政治因素，对移民政策的影响有时也很大。而且在移民接受国，政府必须应对来自不同利益集团的压力，这些利益集团有的支持宽松的移民政策，有的则要求严格控制。雇主支持移民通常是因为宽松的移民政策可以提供后备的劳动力资源，而本国工人则不希望有很宽松的移民政策，因为外来移民在劳动力市场上与他们竞争，有损于他们的既得利益。不过在经济繁荣时期，甚至工人也不会过度反对宽松的移民政策。事实上，经济和政治因素是无法分开的，而是相互作用的。在是否把司法与内务合作纳入欧洲联盟框架中的问题上，德国出于国内问题的考虑希望欧盟出台统一的移民政策，而法国虽然起初并不积极，但鉴于国内的右翼势力非常重视移民和难民问题，密特朗想在 1993 年选举前在这个能够对选举结果产生重大影响的领域作出积极行动，使左翼不会遭到指责。因此，在把移民和难民政策纳入欧盟范畴、统一协调合作问题上，法国和德国之间达成了妥协，科尔和密特朗联合发出了倡议。所以说国内政治因素，尤其是在大选期间对移民政策的影响是很大的。

还有一个可能推动积极移民政策的因素是人口变化。在欧盟，整体的生育率，也就是平均每名妇女的生育数量，现在已经下降到 1.4，远远低于维持稳定的人口数目所需的 2.1 这一指标。因此近年来有人认为欧洲国家应当鼓励移民以缓解人口老龄化问题，不过要达到这一目的需要的移民数量是很惊人的，因此也有反对意见认为这种鼓励移民的政策不能真正解决问题。

当然，国际经济和政治形势对欧洲的移民政策也有相当大的影响。欧洲几次移民浪潮都是以重大的国际事件为标志的。在政治上，如冷战时期出于意识形态考虑，欧洲国家普遍对来自苏联和东欧国家的“政治难民”持热烈欢迎态度。经济上，第二次世界大战后，欧洲经济的重建对劳动力产生了巨大需求，从而使欧洲国家纷纷制定宽松的移民政策。1973 年石油危机，欧洲国家开始放弃宽松的移民政策并注重移民控制问题。1989 年东欧剧变引发的大规模难民潮无疑对欧洲的移民政策产生了重大的影响。世界格局的变化最终把移民政策问题纳入了欧盟合作的范围。显然，第二次世界大战后欧洲各国的移民政策是从比较宽松进而到比较严格，现在因为本国人口下降利国内外经济政治环境的影响又趋于宽松的，移民政策的重点也从劳工移民转移到谋求家庭团聚的移民、严厉打击非法移民、鼓励技术移民。今后的移民政策将少受意识形态因素的影响，更倾向于通过对各国现实情况的分析，宽严结合，灵活地对不同移民群体施以不同的政策。

二、欧洲层面上的政策趋势：从各自为政到相互协调再到进一步一体化

欧洲层面的移民政策，不可避免受欧洲一体化的影响，需要强调的是始终存在着国家利益和共同体利益的矛盾及国家主权和超国家机构之间的矛盾。《马斯特里赫特条约》生效

后，欧盟开始被称为欧洲联盟，它的合作主要在三个范围内展开，也就是经济与货币联盟、共同外交与安全、司法与内务，而移民问题是包含在司法与内务合作之中的司法与内务有九大合作领域，在 1993 年《马斯特里赫特条约》生效前，成员国并没把司法与内务作为一个整体的合作领域，各个分支领域的合作都是独立进行的，而且大多是应变性的合作，出现什么紧急情况就采取什么合作措施。主要是因为各成员国对这种合作缺乏兴趣，还没有感觉到合作的必要。虽然在移民问题上的合作开始较早，但当时移民的定义很狭窄，仅仅指欧盟国家的居民在欧盟范围内因为经济原因的移民。1957 年《罗马条约》没有特别涉及现在所说的司法与内务合作领域，重点是经济领域，当时签约国把经济问题作为首要考虑的问题。《罗马条约》的 3（c）条款中提到了人员的自由流动，但没有详细的规定，而在 48～51 条款中只是提到了成员国“工人的自由流动”，没有任何条款涉及普通居民的自由流动。这么狭窄的定义只能说明大多数创始国并没有把人员自由流动本身作为一个目标，处理移民问题的出发点仅仅在于劳动力是生产力的一个要素，他们的自由流动有利于共同体市场的运作。因此可以看出，在 20 世纪 50～60 年代，共同体没有以共同的移民控制为目标的规章制度，也没有关于欧盟以外国家移民的任何条约规定。

此后移民政策领域的合作都是在欧盟各国政府间进行的，如特莱维小组采取了一种非正式的部长会议的形式的合作方式，1986 年以后建立了一个部长级的负责移民问题特别是非法移民问题合作的特别工作组；还有 1985 年的“申根协定”，这是一个取消内部边界控制同时加强共同外部边界的协定，它自 1995 年开始生效，现在包括了几乎所有的欧盟国家，所有参与国必须执行统一的入境标准，必须对其他国家国民办理签证执行统一的规定，政治避难者只能在申根国家范围内提出一份申请，如果某一国拒绝了这一申请，则其他国家也不可能接受；还有 1986 年“单一欧洲法案”，目标就是实现欧盟范围的商品、人员、服务和资本自由流动。这些都是欧洲范围内的在移民问题上的早期合作，事实上，这一政策领域进入欧盟三大合作领域的过程并非一帆风顺，而是经过各国政府艰难的讨价还价，特别是德国的努力，才进入欧盟的正式制度化的合作领域。

如前所述，因为种种原因，德国政府面对不断增加的难民潮，尤其是东欧剧变前后，欧盟东扩之前“德国的外国移民数量几乎占了欧盟 15 国的一半，是欧盟各国接纳外国人最多的国家”，它迫切需要借助某种途径改变避难法律和程序，阻止日益扩大的难民潮。德国政府很难依靠自己的力量做到这一点，因为难民的权利很清楚地写在宪法中，对宪法的任何改变都需要议会多数通过，这是很难做到的。而且因为德国“慷慨”的避难政策部分是为了对第二次世界大战期间法西斯德国的排外主义罪行进行忏悔，如果修改这种“赎罪政策”可能会引起国内外公众舆论的不满。在这种情况下，科尔决定把难民和移民问题放到欧洲层面上来解决，以实现一些在国内层面无法实现的政策选择。通过移民政策的欧洲化，科尔希望劝说其他成员国分担更多的避难者，以解决德国面临的困境。两德统一成为欧洲一体化过程的一剂催化剂，因为法国相信“在政治上加强共同体可以在共同体内对新德国更可靠地进行限制”，欧洲国家也普遍认为有必要深化一体化，以加强对德国的限制。在此以前，1989 年春，欧盟主席德洛尔提出实现单一货币计划，进一步深化经济一体化。德洛尔计划提出后不久，两德统一。西欧国家对在欧洲中部即将出现的经济政治“巨人”心怀疑虑。单一货币计划，就多了一层政治含义，它成为拴住德国的手段。这和当年建立煤钢共同体有异曲同工之妙。但对于大多数德国人来说，放弃德国马克是一件痛苦的事，因为马克是第二次世界大战后德国繁荣稳定的象征，德国马克是欧洲最稳定的货币，在格林斯潘上任之前，德国央行是世界上最受尊重的中央银行。德国在货币问题上的让步是建立经济货币联盟的关键，德国政府坚持要求自己在经济货币联盟领域中的让步一定要获得相应的回报，这就是实现包括移民政策在内的司法与内务政策的欧洲化，在研究制定欧盟条约的西欧各国政府间会议前，科尔提出了把司法与内务合作并入欧盟的详细建议书。在谈判期间，大多数国家并不愿意把这些与主权密切相关的领域纳入欧盟框架中，希望继续保持这些合作的政府间合作性质。依靠德国的经济实力和在经济货币联盟问题上的关键地位，科尔不断运用自己的影响力，努力把这一问题最终纳入欧洲联盟框架内，当然谈判结果是国家之间相互妥协，德国没有完全实现移民政策一体化的目标，但把移民和难民政策问题纳入欧洲联盟条约之中，显然是德国在移民政策方面的一个成就，也大大推动了欧盟移民政策的发展。

此后 1997 年生效的《欧洲联盟都柏林条约》规定了寻求避难者只能向他所进入的第一个欧洲联盟国家提出避难申请。1999 年生效的《阿姆斯特丹条约》，又向移民政策的一体化迈进了一步，把与移民避难相关的问题纳入欧盟的权限，虽然没有形成共同的移民政策，但是成为在移民问题上法律结盟的标志。《阿姆斯特丹条约》明确规定各成员国必须自觉遵守一体化的移民政策，各国的移民法不能限制移民在欧盟国家内的自由迁徙权和居住权，不能与欧盟的移民政策相抵触，在成员国移民法与欧盟移民政策发生冲突的时候，要向欧盟委员会做出说明。在移民政策领域，成员国不能阻止委员会制定相关规定，只能保留和实施与《阿姆斯特丹条约》及其他国际公约相一致的国内规定，并把申根协定并入欧洲联盟，这里还包括了一个要在 2004 年生效的关于避难政策最低标准的协定。1999 年，坦佩雷欧盟首脑会议确定需要一个关于避难和移民问题的共同欧洲政策，并要求欧盟委员会提出关于避难、移民问题的建议。2002 年生效的《尼斯条约》包括一个基本权利宪章，允许拥有欧盟成员国签发的居住或工作许可签证的外来移民最终拥有与欧洲联盟公民相同的自由流动的权利。由此可以看到，《马斯特里赫特条约》生效以后，欧洲层面的移民政策还是有很大进展的，而且已经形成了共识，欧洲需要一个共同的移民政策。不过 2001 年在莱肯召开的欧盟首脑会议没有就移民或避难问题上进一步合作达成协议，可见国家主权和超国家权力之间始终存在着矛盾，这种矛盾态势左右着移民政策的发展方向，在这一对主要矛盾及个别有影响力大国的作用下，欧洲移民政策经历了一个从各国各自为政到相互协调，再到进一步一体化的过程，目前存在着进一步深化一体化的趋势。

三、简要的结论

半个世纪以来，在欧洲层面上的移民政策有了很大的发展，从开始不受重视，到最后成为欧盟合作三大范畴之一，说明欧盟越来越重视这一领域的问题，也说明随着欧洲一体化的发展，这一问题变得越来越重要，并且它在某种程度上也成为必须在欧洲层面上寻求集体解决的问题。总的说来，欧洲层面上的移民政策经历了一个从各国各自为政，到相互协调合作，直到把这一问题在欧洲层面上全面综合考虑的发展进程，目前已经制定了一些欧洲范围的共同移民政策，但移民问题是一个非常复杂的问题，涉及各国内外政治、经济、文化等方方面面，各个成员国都有自己的现实情况和各自利益，移民政策的目标也不尽相同，很难形成统一的接纳标准和移民待遇标准，尤其是如何分担移民政策经费开支一直是一个很难协调的核心问题。因此目前为止，在移民政策的制定中占有主导地位的还是欧盟范围内的民族国家政府，欧盟东扩后，为了防止可能来自东部经济比较落后国家的移民潮，各国都采取了一些限制措施，这也是在欧盟范围内对移民的限制。某些有影响力的大国常常在一些关键问题上发挥作用，如德国在司法与内务问题上起的关键作用。欧洲的移民政策通常不会限制各成员国的国家主权，国家在不违背欧洲移民政策的情况下可以制定自己特殊的移民政策，但移民政策还是具有向欧洲层面转化的趋势，尤其是在欧盟合作中最终把包括移民问题的司法与内务合作纳入合作领域，使制定移民政策的权力向欧洲层面转移迈进了一大步，总而言之，移民政策欧洲一体化的道路并不平坦，始终受到民族国家利益和共同体利益的矛盾及国家主权和超国家安排之间的矛盾的影响，而且目前可以说在移民等司法与内务合作领域的合作中，国家进行合作的政治意愿仍是决定性因素，但随着欧洲一体化的发展将来还会进一步深化欧盟范围的一体化整合。

资料来源：陈南雁 . 2006. 欧洲移民问题及移民政策趋势分析——兼论德国在欧洲移民政策形成中的重要作用 . 德国研究，(02)。

【问题讨论】

结合上述案例材料，运用教材中的相关专业知识讨论：欧洲移民政策的主要特点及发展趋势。

参考答案

一、单项选择题

1. A	2. B	3. D	4. C	5. A
6. D	7. B	8. B	9. C	10. B
11. A	12. D	13. C	14. B	15. A
16. A	17. C	18. D	19. A	20. B
21. C				

二、多项选择题

1. ABCD	2. ACDE	3. BDE	4. BCDE	5. ABCDE
6. AB	7. ABCDE	8. ABCDE	9. BCE	10. ABDE
11. BE	12. ABC	13. ABE	14. ADE	15. BDE
16. ABDE	17. ABCDE	18. BCDE	19. ABCDE	20. ABCDE

三、名词解释

1. 临时接纳型：接纳国把外籍劳动者只当作本国经济复苏、腾飞的加速剂，实行临时性雇佣，如德国、法国。

2. 永久接纳型：接纳国把外籍劳动者主要作为移民接受，使其成为国家一分子，如美国、英国等。

3. 特定的工作：所谓特定的工作是指专业性强、要求掌握特殊技能的工作（包括管理工作）。

4. 职业培训与职业经验积累制度：英国在有关聘用外籍人的规定中，对为掌握特定的技术或为取得某种资格而接受定期培训的外籍劳动者发放劳动许可，这项制度在大不列颠由就业部、在北爱尔兰由经济开发部来具体实施，其主要目的是通过对发展中国家的受雇者进行在其本国不易得到的职业培训来援助发展中国家。

5. 学生职工：联合王国的劳动许可制度还允许非欧盟成员国的青年学生，为提高自身的英语能力、积累工作经验而到英国工业、商业部门工作。但受雇学生必须作为定员外编制，称为“学生职工”。

四、简答题

1. 具体表现。

(1) 20 世纪 50 年代后，葡萄牙、意大利等南欧国家，以及土耳其、黎巴嫩、阿尔及利亚等地中海沿岸的贫困国家的剩余劳动力纷纷涌向联邦德国、法国、瑞士等北欧与西欧的经济崛起国家。

(2) 墨西哥和加勒比海沿岸的劳动者大量涌向美国及加拿大。

(3) 英国则吸收了大批原殖民地的移民。

2. 英国劳动许可的发放前提。

(1) 外籍劳动者确实受雇于有空缺岗位的部门，并具备符合该空缺岗位的技术资格。

(2) 其雇主已通过职业介绍机构进行了为期四周的招工努力，但仍未招聘到适合此空缺岗位的英籍劳动者或欧盟成员的劳动者。

(3) 该劳动许可申请是由雇主就特定的工作提出，且外籍劳动者的工资待遇及工作条件均不低于本地区相同工种的标准。

3. 英国劳动许可的发放范围。

(1) 具有被认可的专门资格者。

(2) 管理人员。

(3) 有特殊经验的高级技术人员。

(4) 具备需要特定专门知识或技术的职业的高级职称或稀有资格者。

(5) 在国外公认的培训部门至少受过两年的大饭店或改食店的高级职务的职业培训者。

(6) 具有某种专长并达到相当水平的艺人和体育选手。

(7) 经就业部批准，在限期内赴英接受职业培训或进行职业经验积累者。

(8) 就业大臣认定对其雇佣符合国家利益者。

(9) 同时，要求受雇的外籍劳动者具有一定的英语水平，年龄在 23～54 岁，但艺人及体育选手不受此制约。

4. 注意事项。

(1) 首先，携带本人护照、劳动许可证去警察署登记注册，领取登记注册证明书。

(2) 其次，由于联合王国实施国民保险制度与联合王国所得税制度。

(3) 在联合王国，只要有工资收入，就必须缴纳所得税。

(4) 外籍劳动者失业后，具有享受失业补贴的资金。

(5) 失业者如不想离开英国，应在居留许可到期前，尽快向内务部申请居留延期。

5. 特点。

(1) 职业资格等级提高了，简单的体力劳动者减少，而技术工人及管理人员增多。

(2) 从事第三产业中服务行业与销售行业的人员增加。

(3) 女性外籍劳动者增多。

6. 特点。

(1) 严格限制外籍人在该国就业。联邦德国自1973年11月开始严格限制新的劳务输入，并于1974年11月13日发文通告，1985年4月开始加强对非法雇佣行为的处置。

(2) 督促居住该国的外籍劳动者归国。为督促外籍劳动者早日回国，联邦德国政府一是用法律限制他们在该国的停留，二是对归国者进行奖金援助。

(3) 为实现国内安定而推行民族融合政策。在1978年"外国人法"与有关劳动许可修改后，开始向符合条件的外籍人及其家属发放长期居留许可、居留资格和长期特别劳动许可，并逐渐向其家属开放劳动力市场，为使居住的外籍人能尽快地适应德国的社会、民俗，联邦德国政府还积极加强对他们的德语教育与职业培训。

五、论述题

1. 答案要点。

(1) 最大改动。在它实施后的头三年，把每年接纳的移民总数上限从过去的60万名提高到70万名（因直接亲属移民无数量限制，所以无论是过去还是现在有的年度接纳的移民总数超过规定上限），并将其中每年接纳的职业移民从过去的5.4万名（包括其家属）增加到14万名。

(2) 具体改动：将旧移民法中规定的每年接纳2.7万名高层次职业移民增至为12万名；将旧移民法中规定的每年接纳低技术性、非技术性劳工移民1.8万名降至为1万名，且不再设专项，而是在该类人员实在短缺，在美国招募不到时，从第三位优先职业移民中挪用1万名额；新移民法增设了接纳投资家移民一项，数量为每年1万名，但要求其投资额必须在100万美元以上（高失业地区可降至50万美元），并能解决十人以上的就业。

(3) 1990移民法是自1965年以来美国首次对其移民政策大幅度修订的产物，是在美国专业技术人员严重缺乏的社会背景下出台的，它为外国的专业技术人员及学者移民美国打开了大门。

2. 答案要点。

(1) 根据移民国际法，美国对外籍人的劳动许可制度主要分为两部分，即对非移民的劳动许可制度与对移民的劳动许可制度。对非移民只发放短期劳动许可，对移民则发放长期劳动许可。

(2) 对非移民的劳动许可制度：美国限制对非移民共有17大类别签证，商务与就业占7种，其中B-1、E-1、E-2、L-1签证为商务签证，签证时居留期最多批准半年，其中还可申请延长半年。H-1（分为H-1a、H-1b）、H-2（分为H-2a、H-2b）、O签证为就业签证。

（3）对移民的劳动许可制度：美国现在每年接纳的42.11万名限量移民中，与美国市民及定居者有亲属关系的54%那部分，移民美国不一定需要劳动许可，然而，其余46%那部分，获准长期劳动许可则是移民美国的前提条件；长期劳动许可一般由雇主向州职业安置所提出申请，申请时雇主必须提交的材料如下：在市民于定居者中招募不到所需人员的证明；拟招募的外籍劳动者的工资、劳动条件不会影响美国劳动力市场的证明；拟招募者的职业资格证明等。州职业安置所受理后，由劳工部直接处理；在有关部门确认准许当事外籍劳动者受雇不会影响美国人就业，且该外籍劳动者有资格从事就职的工作并且雇主一切都是遵法照章办事后，发放长期劳动许可。

3. 答案要点。

（1）第二次世界大战后初期，法国对外籍人入境并未有严格的规定，所以这一时期在法国的外籍人数一直呈上升趋势。

（2）1967年政府明文规定，对擅自雇佣不曾在移民局登记的非法外籍人的雇主给予处罚。

（3）1972年，法国政府为进一步强化对外籍人就业的管理，发文通告：如拟雇佣外籍劳动者，必须提前三个月向公共职业安置所提出申请；若缺员能找到法国人补充，则不许雇佣外籍人。

（4）20世纪70年代，受世界性石油危机的影响，法国经济也陷入不景气状态，失业率不断上升。为此，法国政府开始限制新的外籍劳动者入境，并原则上停止发放新的劳动许可。与此同时，还积极推行归国奖励政策，以促使在法的外籍人能尽快回国。

（5）1980年，法国政府颁发了严厉禁止外籍人非法入境、非法居留的法律条例，并对已合法在法国居留的外籍人，也视劳动力市场的具体情况，决定是否对其居留许可予以更新。

（6）1981年，社会党竞选获胜后，密特朗政府为了减少民族矛盾、维护国内安定，批准执意不归的外籍人在法合法定居，从而使1981年前非法入境的外籍劳动者全部获得劳动许可。

（7）1984年7月，法国政府对劳动许可与居留许可制度作了大幅度修改，修改后的劳动许可证与居留许可证合为一体。这次修改使在法国的外籍人有了比较安定的地位，一旦获得居住许可，便可在法国各地自由就业。

（8）1986年，希拉克组阁后，国民战线势力逐渐扩展，恰值此时，在法国各地外籍人士不断暴动，特别是巴黎，简直成了国际恐怖行动的舞台。希拉克采取了严厉措施，规定非欧盟成员国人来法，即便是短期观光旅行也要签证，而且对违法入境者采取立即驱逐出境的措施。

4. 答案要点。

（1）增强外籍人对职业的适应，政府出资组织各种职业培训班，让外籍人接受准职业教育及职业培训，以便能掌握一定的技术，获得稳定的就业机会。

（2）增强外籍人对法国社会、文化的适应。法国政府积极为外籍人免费开设法语讲座，以使他们及早通过语言关。

（3）增强外籍人对学校教育的适应。法国教育部为在法的外籍儿童准备特别的法语教程，并努力培养专门从事外籍人教育的人才。

（4）为外籍人创造民族环境。法国政府在尽力开办拥有各国原文书籍的图书馆、举办移民节日等的同时，还请有关政府协助在法国开办本国语言、文化讲座，以使外籍人有宾至如归的感觉。

（5）对外籍人住宅实施优惠政策。针对外籍人，特别是非洲人因租不到公寓，低薪的外籍劳动者往往集居在一起而形成贫民街的现状，法国政府决定优先为企业提供用于为外籍劳动者建设住宅的援助资金与贷款。此外，《社会活动基金》也制定了为独立生活的外籍人提供固定数额的住宅援助资金的制度。

（6）鼓励外籍人积极参加社会活动。历届法国政府逐步从法律上取消了对外籍人的种种限制，从而使他们能像法国人一样，参加各种社会活动。

（7）促进合乎条件的外籍人加入法国国籍。1983 年法国政府通过法律废除了“取得法国国籍的外籍人十年内无被选举权”这一规定，使已获得法国国籍的外籍人开始享有法国人所有的权利。

5. 答案要点。

（1）早在 1955 年，联邦德国就与意大利签署了招募劳务的协定。

（2）20 世纪 60 年代，先后与西班牙、葡萄牙、希腊、土耳其、南斯拉夫等 8 个国家签署了招募劳务的具体协定，联邦德国雇佣厅为受权负责招募劳务的政府级部门。

（3）20 世纪 70 年代初，联邦德国政府于 1973 年年末彻底调整了雇佣外籍劳动者的方针，一改积极的劳务输入政策为严格限制劳务输入的政策。

（4）1973 年 11 月，联邦德国单方终止了过去与西班牙、希腊、土耳其等国签订的有关劳务的两国协议，停止了新的劳务输入。

（5）20 世纪 70 年代，在国内严格限制对非欧盟成员国的劳动者发放劳动许可。

6. 答案要点。

（1）外籍劳动者本身缺乏回国动力。劳务输出国家经济相对落后，绝大部分外籍劳动者在德国学到的技术回国后难以致用，而且，因货币价值不同，其经济收入远比国内优厚。因此，外籍劳动者即便失业，也设法不回国，宁愿在德国过相对最简朴的生活，并发展到把家属也接到身边，致使外籍人队伍日益庞大。

（2）从 20 世纪 80 年代中期开始，他们的产业分布一直较稳定，主要集中在制造业、建筑业与服务业，而金融、保险行业，外籍人所占比例一直最低。

（3）从职业看，德国的外籍人种虽有一部分在联邦德国州各部门工作，但仍是熟练工、工序工等简单体力劳动者居多。

（4）在德国，外籍人主要从事那些劳动强度大、条件差、德国人不愿干的工作，德国的外籍人为德国的经济发展和社会繁荣作出了重大贡献。

（5）在统一后的德国劳动力市场上，外籍劳动者异常活跃，他们之间的就业竞争也相当厉害。

（6）由于德国人口结构的变化严重制约了劳动力的供给，德国专家认为，德国离不开外籍劳动者，将来，德国的对外籍劳动者政策还会有重大的改变。

六、案例分析题

结合案例材料并参考教材中的相关内容作答。

（1）特点：①层次性。欧洲移民政策包括两方面，各国层面的移民政策和欧洲层面的移民政策。②复杂性。各国的政治、经济、文化等方面不同，使移民问题复杂等。③融合性。随着欧洲一体化的进程，移民政策慢慢向欧洲层面转化。

（2）趋势：欧洲移民政策向欧洲层面转化，各国开始加强协调，移民政策欧洲一体化成为欧洲移民政策的趋势。

第5章 中国的劳务输出

考核内容

本章主要阐述了中国的劳务输出情况。主要考核内容包括：对外承包和对外劳务合作的含义；改革开放后我国对外劳务合作的三个阶段；当前我国对外劳务输出的特点；劳务输出在我国社会经济中的作用；我国对外劳务输出的内部及外部阻碍因素；我国对外劳务输出人员素质偏低的具体体现；我国劳务输出企业竞争力不强的具体体现；促进中国劳务输出事业发展的战略和对策；我国对外劳务输出事业向前发展的支撑因素；我国对外劳务输出的未来发展方向。

一、中国劳务输出的发展沿革

（一）我国对外劳务输出的发展历程

1. 改革开放前的劳务输出

（1）第二次世界大战期间，我国已有大量劳动力在国际上流动。为了支援盟国抵抗德国、意大利、日本法西斯的侵略，我国政府派遣了大量劳动力到英国、法国、俄国提供战争后勤帮助。

（2）新中国成立初期，我国的劳务输出主要是站在人道主义立场上的以援助亚洲、非洲的发展中国家，以及社会主义国家的经济建设为主。在此期间，我国派遣了大批技术人员、工人及医务人员到上述国家进行援建。

（3）改革开放前的劳务输出的特点及意义：这一时期的劳务输出项目基本上是无偿的或是优惠的；带有浓厚的政治意图，并不从经济利益的角度来考虑，不是真正意义上的国际劳务输出；这两次的劳动力流动却为我国改革开放以后的对外劳务输出奠定了基础。

2. 改革开放后的劳务输出

（1）开始时间：我国真正成熟的对外劳务输出始于改革开放后的 1979 年。

（2）渠道：在这个时期，中国的对外劳务输出主要是在对外经济合作框架之下由对外承包工程和对外劳务合作这两个渠道展开的。1979 年以来，除了上述两种主要渠道，还有在国外兴办独资、合资经营企业派出管理人员、技术人员及技术培训人员；通过成套设备和技术出口带出劳务；也有一些通过民间渠道进行的劳务输出。

（3）对外承包的概念：对外承包是指对外承包工程项目，主要是通过政府间协议、参加竞争性投标和与得标的外国承包商协调并签订合同，承揽项目部分工程。

（4）中国的对外劳务合作的概念：中国的对外劳务合作是指国内从事对外经济合作的公司根据对外签订的合同，派遣各类专业人员和劳务到国外或境外从事经济活动。

（5）中国对外劳务输出发展的三个阶段。第一阶段：初级阶段（1979～1984 年）。劳务输出事业还是在原来的“零”起点上迈出了第一步，对外劳务输出增长速度较快。第二阶段：波动阶段（1985～1990 年）。中国劳务输出的发展波动较大，低迷与增长交错出现。一方面，低迷期仍在持续；另一方面，跳跃式的发展期开始出现。总体上来说，在 20 世纪 80 年代后期，中国对外劳务输出的技术层次有了较大的提高，已经从原来的主要参与中小型劳动密集型工程承包的劳务和一些单纯的普通劳务，发展到该阶段可以承揽一些电子、化工、冶金、石油等专业性和技术性较强的工程及劳务活动，并开始向工业发达国家利润率较高的高技术领域开拓业务。在劳务输出机构建设上也取得了可喜的进展，涌现出一批经营有方的对外承包工程和劳务合作公司。

第三阶段，稳步发展阶段（1991 年至今）。1991 年至今，在 20 多年的平稳增长期内，中国对外劳务输出事业从小到大，取得了稳定且长足的进步。

（二）中国对外劳务输出的现状与特点

1. 我国对外劳务合作业务总体继续保持一定规模

从对外劳务合作的派遣规模看，对外劳务合作的派遣规模从 2008 年金融危机以来历经了小幅的下跌以后，自 2011 年开始恢复上升，在 2012 年，这种上升态势继续得以保持。

2. 亚洲、非洲仍是我国对外劳务合作的主要市场

(1) 中国的劳务输出首先以开拓中东市场为重点。

(2) 亚洲市场继续保持比重最大的地位。

(3) 日本、中国香港、新加坡等国家和地区作为我国对外劳务合作的传统主要对象市场地位继续维持。

(4) 目前，基本上形成了亚洲为主，非洲、拉丁美洲和南太平洋地区为辅，中东地区稳步恢复，欧洲地区保持稳步增长的态势的多元化市场格局。

3. 行业分布以制造业为主，但高技术领域有所扩大

(1) 我国对外劳务输出的行业种类呈现出由低层次到高层次、由少数行业到多数行业、由体力行业向智能型行业发展的态势。

(2) 目前，我国劳务合作行业主要分布在制造业、建筑业、农林牧渔、交通运输业四大行业。

(3) 近些年来，合作的技术层次有了较大程度的提高，已经从原来的主要参与中小型劳动密集型工程承包的劳务和一些单纯的普通劳务输出，发展到目前可以承揽一些电子、化工、冶金、石油、航天航空等专业性及技术性的工程和劳务活动，并开始向工业发达国家利润较高的高技术领域开拓业务。

4. 输出人员层次偏低，但高技术人员有所增加

(1) 改革开放以来，中国对外劳务合作有了较大的发展，对外输出人员结构不断优化。

(2) 总体上看，中国外派劳务仍以劳动密集型为主。由于我国劳务合作行业主要分布在制造业、建筑业、农林牧渔、交通运输四大行业，所以外派劳务层次偏低。

(3) 随着我国经济的发展，输出人员的工种逐渐呈现多元化趋势，包括服装加工、酒店服务员、保安、海员、医务人员、厨师和软件工程师等。

(4) 在劳务人员队伍不断扩大的前提下，劳务人员的技术水平也在不断提高。

(5) 高技术、高素质人员的输出量仍然不大，在劳务输出总量中，所占比例不足 10%。

5. 经营主体数量增加较快

(1) 我国 20 世纪 80 年代以前成立的对外承包劳务企业，多数是在所属部门或省市援外办公室基础上创建起来的，创建初期公司既缺少资产也缺乏专业人才，更缺少国外市场渠道。

(2) 近两年，地方外经企业的经营实力增强，在我国对外劳务合作业务中的比重越来越大，成为我国对外劳务合作的主力军。

6. 政府管理、行业自律的格局初步形成，经营秩序相对好转

(1) 相关政策措施相继出台，管理体系不断完善：近年来，商务部会同公安部、财政部、外交部等部门出台了一系列关系行业发展的政策、措施，初步奠定了我国对外劳务合作管理体系的基础，中国对外承包商会也在行业中推行和实施了一系列行业或市场规范，最终形成了“商务部宏观管理、各部委协调合作、地方政府部门属地管理、行业组织协调自律、驻外经商机构一线监管、与有关劳务输入国共同管理”的基本框架。

(2) 对外劳务合作服务平台建设逐步推进：2011 年 8 月，财政部、商务部联合发出《关于做好 2011 年对外劳务合作服务平台支持资金管理工作的通知》。

7. 我国劳务输出的缺陷

（1）我国的劳务贸易总额和劳务人数分别只占世界劳务贸易总额和世界劳务总人数的3%左右。

（2）无论是劳动力输出人数，还是劳动承包合同额，抑或创汇收入，不但比不上发达国家，而且还远远落后于许多发展中国家。

二、中国劳务输出在社会经济中的作用

（一）有利于增加个人和国家的收入

1. 从个人来说

（1）对于许多劳务人员来说，劳务输出是他们进行原始积累以谋求日后发展的一个重要途径。

（2）这些劳务人员将所挣外汇大部分汇回国内，提高了我国人民的消费水平，也带动了第三产业的发展，这又为今后我国的劳务输出打下良好基础，形成一个良性的循环。

2. 从国家的角度看

通过发展劳务输出，能获得大量外汇收入，改善国际收支。国际劳务输出是一项投资少、风险小、收效快的事业。劳务输出的国家以极小的投资可以得到较高的外汇回报，而且它投资容易、兑现及时，没有交付时间的滞后性问题和资金占用问题，许多国家都把劳务贸易作为同旅游业一样重要的“无烟工业”。

（二）有利于减缓就业压力

中国是个劳动力相对富裕的国家，因此，即使大量输出劳动力，在总量上一般也不会对本国劳动力市场产生不利的影响，反而会减轻人口及劳动力对社会就业的压力。

（三）有利于培养国际性人才，鼓励回乡创业

（1）对外劳务输出有利于我国的劳动力学习和掌握外国先进技术和管理经验。

（2）许多劳务人员回国后，不仅把国外学习的先进技术和管理经验带回国内，也将积累的资金带回国内，自行经商创业，并带动一批人就业，起到了致富带头人的作用，对促进当地的经济发展起到了不可估量的作用。

（3）我国通过对外劳务输出，通过对外输出劳动者的回流，吸收了西方工业化的技术知识，积累了企业经营的管理经验，集聚了财富，更建立了海外经济网络，绕过了某些生产制造技术的巨大花费和冒险，提高了生产水平，为国家的经济发展作出了极大的贡献。

（四）有利于我国的结构调整

我国应坚持资本、技术密集型与劳动密集型相结合的结构模式。

（1）我国人口众多，又处在社会主义初级阶段，因此，有必要继续坚持劳动密集型的产业模式。

（2）我们要抓住经济全球化带来的良好机遇，面对国际市场变化新趋势，采取有所取舍的政策，对发达国家已逐步退出而我国又有比较明显的比较优势的产业和产品，用更先

进的技术，进行全面改造和更新，同时采取资本、技术密集与劳动密集相结合的模式，用新的形象，在国际生产体系中实现接续，在新的国际分工中占据新的优势。

(五) 有利于现代文化和生活方式的传播

发展对外劳务输出，不仅能创造大量物质财富，促进城乡物质文明建设，而且能有效地改造外出务工人员的精神世界，促进城乡政治文明和精神文明建设，推动社会经济持续快速的健康发展。

(1) 可以通过务工人员到国外走南闯北，脱离小农经济落后的生产生活方式，接受最新现代文明的熏陶，接受市场经济洗礼，开阔视野，启迪智慧，更新观念，提高素质，培养和造就新型劳动者。

(2) 可以通过大批外出务工返乡创业，彻底改变闲散劳动力“半闲半做”的懒散生活，促进社会的改革、发展和稳定，让外出务工者告别过去保守、狭隘的落后思想，逐步成为先进文化的传播者和精神文明建设的带头人。

(3) 可以通过大规模的人口流动，推动城乡二元结构向一元结构演变，彻底打破一系列制度性障碍，促进政府管理创新和社会变革，以人为本，打造诚信环境，建立和谐社会。

(六) 有利于生态环保建设

(1) 对外劳务输出可以做到以“零排放”的方式换取外汇收入，对于我国而言，是一种零污染的发展方式，尤其是对于经济欠发达地区，因为工业不发达，自然生态破坏比较小，往往较好地保持了自然生态和人文生态。

(2) 我们要把生态环境作为一种资本来经营，正确处理眼前和长远的关系，强化“保护环境就是保护生产力，保护一方青山绿水就是发展”的观念，按照市场需求导向，发挥政府调控作用，进行规划、保护、利用，培育新的经济增长点，加快生态资源向生态资本转化。

三、中国劳务输出的主要障碍因素

(一) 来自国内的主要障碍

1. 我国劳务输出事业起步较晚，观念尚保守

(1) 在改革开放以前，受“左”的思想影响，劳动力被看成国家和集体所有，由国家统一计划分配，这种传统理论观念使得在国内建立一个自由流动的劳动力市场受到很大限制，更不用说把劳动力输出到国外，使劳动力参与国际劳动力市场的竞争了。

(2) 到1979年，思想方面开始有所转变，“劳动是商品”的观念不断深入人心，但是政府对劳务输出的认识和重视尚浅，重商品出口，对劳务输出却有诸多限制，政府对劳务输出宣传力度不强，支持和鼓励措施少，这种“重商品轻劳务”的思想直接影响了我国劳务输出的发展。

(3) 受旧中国的华工、侨民阴影的影响，加上“穷家难舍、故土难离”等传统思想的束缚，我国劳动人民缺乏走出国门创业求职的胆识和勇气，导致我国劳务输出一直以来都比较被动。

2. 劳务输出人员素质偏低，劳务输出市场狭窄

（1）总体情况：国内外派劳务人员的主要来源是农村剩余劳动力和城镇下岗工人，教育程度偏低。据统计，在农村剩余劳动力中，初中及以下文化程度的比重高达 85.6%，受过专业技能培训的不到 15%，有专业技术职称的不到 2%。鉴于劳务输出主体的文化素质较低，我国劳务输出只能以亚洲市场为主。

（2）具体表现：外语能力差，存在语言障碍；劳务人员技能单一，综合素质低；智力型劳务（或技术型劳务）输出占比低，结构不合理，高级劳务储备不足。

3. 法制不健全，政策法规亟待完善

（1）在法律建设方面，我国至今尚无一部公开颁布实施的对外劳务合作法，尽管政府的有关部门对国际经济合作企业（主要是外经公司）的外汇和财务管理等做了一些政策规定，但不完备、不配套，甚至相互矛盾，这种法律的缺位导致政府主管部门在管理和调整对外劳务输出关系时法律依据不足，在处理外派劳务法律纠纷时适用法律困难，使得劳务输出缺乏规范性。

（2）我国现有的劳务输出法律和法规还没有完全与国际社会接轨。

4. 管理水平低下

（1）各有关职能部门的关系没有协调、理顺。

（2）管理人员整体素质不高：一般性工作人员多，专业人员少，懂外语、懂业务、懂管理、会谈判的人员更少，难以适应管理工作的需要；管理人员在劳务输出的管理上缺乏宏观统筹和综合协调能力；管理人员经营方式不灵活，不能在瞬息万变的国际劳务市场中通过多样的经营方式取胜，加之派出劳务人员的中间管理层次过多，审批程序、手续繁多，致使一些项目因管理不善而失败。

（3）管理政策可操作性不强，“多头管理”现象突出。

（4）企业管理秩序较为混乱：第一是低价竞争；第二是违规操作；第三是应对措施不到位；第四是劳务权益得不到保障。

5. 缺乏对劳务输出的政策支持和对输出人员的保障措施

（1）总的看来，对对外劳务输出行业的发展支持力度仍然不够，支持体系还不完善。

（2）具体问题体现在以下几点：一是企业管理人员和外派劳务出入境手续程序仍可以简化，周期仍可以缩短；二是政府有关部门在维护市场经营秩序、维护经营公司合法利益方面缺乏有效的支持手段，对外交涉力度不够；三是我国目前还没有建立完善的归国劳工重新安置就业计划，使得低技能的归国劳工失业率普遍较高。

6. 劳务输出企业竞争力不强

（1）劳务输出经营主体单一：1979～1999 年，我国成立的对外合作企业基本都是国有性质的，多数都是由所在部门或政府组建；1999 年后，民间与个人形式的劳务输出近年增长得比较迅速，但是总体来看，我国的劳务输出仍然以官方性质为主。

（2）劳务输出渠道单一：国际劳务合作、海外移民、单纯劳务输出。

（3）劳务输出经营主体资金短缺，缺乏高级管理人才：一方面，我国劳务输出一直没有受到国家的重视，因此对劳务输出工作投入资金少、力量薄，对劳务输出工作缺少应有的扶持；另一方面是高级管理人才的缺乏。

7. 劳务输出信息网络不健全，信息来源渠道少、信息传播渠道不畅

（1）总体来说：我国对外劳务合作机构缺乏及时掌握国际劳务市场的供求信息，存在信息来源少、渠道不畅等问题。

（2）具体情况：第一是信息量少；第二是劳务信息网络不健全；第三是信息不能综合利用。

（二）来自国外的主要障碍

1. 国际政治经济环境的制约

（1）世界贸易组织有关人员流动的规则不够完善：第一，《服务贸易总协定》的特定承诺只管辖人员流动的一小部分——高级劳务，而发展中国家占据优势的普通劳务输出却被挡在世界贸易组织之外；第二，许多国家对高级劳务提出过高的专业和技术证书要求，阻止了发展中国家高级劳务的输出；第三，根据世界贸易组织现有的不尽完善的规则，几乎是每个国家都设有签证、留居证、工作证等各种条件对自然人流动加以限制。

（2）各国对外劳务政策经常发生变化：第一，对外劳务输出是一项较为敏感的商务活动，国际劳务市场受世界经济政治因素影响，对外籍劳务输入的政策经常变化；第二，一国对外劳务政策的变化，还可能出于治理市场经营秩序混乱的考虑；第三，一国对外劳务政策的变化也可能因为其自身政策的某些调整。

（3）个别国家对我国外派劳务存在歧视：第一，由于经济政策方面的因素，我国劳务人员在国外也有不受欢迎甚至被歧视的情况；第二，随着外籍劳工人数的急剧增加，国际上对于外籍劳工会引发一系列的社会、经济和政治问题的担心也更加普遍。

（4）各国劳务市场非关税壁垒愈演愈烈：第一，虽然世界贸易组织制定了《服务贸易总协定》（GATS），但该协定的制定并未从根本上消除劳务壁垒；第二，某些国家引进外国劳动力的政策，对我国劳务输出形成隐形壁垒；第三，此外，作为区域经济一体化组织，欧盟对内部成员国和外部国家还规定了诸多不同的用工政策。

2. 国际劳动力市场供过于求，劳动力需求结构改变

20世纪90年代后，国际劳务市场供大于求，使得各劳务输出国之间的竞争日趋激烈。90年代以后，国际劳务市场出现了供大于求的现象，各个劳务输出国之间的竞争更加激烈。

3. 战乱区风险概率大

近年来，由于全球和地区局势冲突激化，各种社会经济矛盾加深，尤其是恐怖主义蔓延，中国人在中东、非洲和南亚等一些国家和地区的总体安全环境恶化。

（1）纯粹的自然事件或灾害造成，如2004年5月23日戴高乐机场屋顶坍塌。

（2）出于各种原因中国人遭受袭击，如2004年1月29日耶路撒冷汽车爆炸袭击事件殃及中国劳务人员。

四、促进中国劳务输出事业发展的战略和对策

1. 在国家层面上对劳务输出事业加强管理，开辟环境

（1）完善中国对外劳务输出的部门管理体制。①强化商务部的宏观统筹管理；②加强各相关部门的协调合作；③对经营企业实行属地管理。

（2）加强劳务输出立法。我国的劳务输出在法律层面几乎是空白，我国尚未出台有关

对外劳务输出的专门性法律，且在现有的有关法律——《对外劳务合作经营资格管理办法》和《境外就业中介管理规定》中也难以找到涉及对对外劳务输出进行规范管理的法律条文。我们可以借鉴其他国家在该领域的立法经验。

(3) 加强对外沟通交涉。首先，政府应充分重视对外劳务输出行业的发展，综合运用政治和经济等各种外交手段，按照 GATS（服务贸易总协定）的有关原则，加强我国的双边和多边谈判力度。其次，作为行业组织的承包商会，要积极与国外有关机构合作，不断开拓欧美等发达国家市场，推动输欧海员、厨师等外派业务的发展。再次，建立政府、行业组织、经营公司之间的互动机制，发挥各方优势。最后，加强市场调研，制定符合国际市场要求的发展战略。

2. 完善对外劳务输出的保障制度和促进体系

总体做好两方面的工作：一方面，要对赴外的劳务人员灌输安全意识和安全教育，提高他们捍卫人身和财产安全的能力；另一方面，要规范劳务市场，深化劳务输出体制改革，确立一个健全的对外劳务输出服务体系。

(1) 强化劳务输出人员的安全教育。首先，从国内来看，要保证出国打工的安全性，还要了解招聘人员的公司是否具备商务部批准的外派劳务经营资格，避免上当受骗；其次是工作安全的教育；再次是加强预防恐怖袭击的常识教育。

(2) 重视劳务合同中各项保障条款的作用，加强维权意识。外出务工一定要认真研究合同。一般来说，正规渠道输出劳务，必须签三份合同。出国劳务人员与经营公司签订的合同叫《外派劳务合同》；出国劳务人员与外国雇主签订的合同叫《雇佣合同》；经营公司与外国雇主签订的合同叫《对外劳务合作合同》。

(3) 确立健全的对外劳务输出服务体系，保证行业发展的积极性。其一，建立面向外派劳务人员的服务体系，激发劳务人员出国务工的积极性。其二，建立面向经营公司的服务体系，提高经营公司市场开发能力和抗风险能力，促进行业的健康发展。

(4) 深化劳务输出经营体制改革。其一，经营管理型模式，即对内管理，对外协调，该模式适用于经济不发达国家；其二，代理服务型模式，即国内一次性收费，公司与劳务签订有偿性服务合同，工人工资归个人所有，工人与国外雇主直接签订雇佣合同，该模式适用于法制完备的国家。其三，代理型模式，即本国公司收取介绍费，国外老板与工人签订劳务合同，工人由老板直接管理，本国公司只对介绍负责，不对履行负责，该模式适用于法制完备的国家。

3. 提高对外输出劳务人员的素质

(1) 提高学历层次与语言能力：外派劳工不仅要具有专业技能，而且要精通英语，谙熟雇佣国风俗习惯等。我国外派劳务的业务素质普遍比较高，但英语水平不尽如人意。

(2) 推进对外劳务输出基地建设，培训和储备合格外派劳务人员。积极推进各类外派劳务专业基地的建设，完善对外劳务输出产业分工，储备各类外派劳务人才，特别是高级劳务人才，为扩大外派劳务规模、提高外派劳务档次奠定基础。

(3) 健全培训体系，多方面培养人才。首先，加强对企业经营管理人员的培训；其次，采用劳务人员培训与职业教育相结合的方式；最后，加强劳务输出企业与高等教育机构的合作培养。

五、中国发展劳务输出事业的前景

(一) 我国对外劳务输出事业前景广阔

1. 健全的工业体系有利于支撑我国的对外贸易事业

(1) 中国国内经济建设经过了60多年的发展，初步形成了门类较为齐全的工业和国民经济体系。

(2) 工业的繁荣，带动了对外贸易的发展。

2. 廉价且素质较高的劳动力为对外劳务输出事业提供了充足的人力资源

(1) 中国拥有丰富、廉价且素质较高的劳动力资源。首先，中国制造业队伍规模大，并拥有源源不断的后备力量，从而保证了较长时期的低成本、高素质供应。其次，农业剩余劳动力不断向外转移的压力，使制造业劳动力长期保持价格优势。最后，横向比较看，中国制造业劳动力的平均工资明显低于发达国家，也低于同等发展水平的发展中国家。

(2) 中国劳动者素质属于偏低水平，但由于庞大的人口基数，受过高等教育和具有较高技术水平的劳动者总量十分庞大。首先，劳动者平均受教育年限迅速增加。其次，劳动者所接受的教育层次较高。最后，中等职业教育和普通高中的在校生人数增加，接近4400万人。

3. 发达国家结构性缺员现象严重，将进一步考虑放宽劳务引进

(1) 总体上说，从国外的环境看，为弥补自身劳动力缺口，发达国家会进一步考虑放宽劳务引进政策，增加劳务人员的输入。

(2) 一些发展中国家尽管自身劳动力资源丰富，但结构性缺员现象严重，出现了既输出劳务，又引进劳务的现象。

(3) 发达国家由于人口增长放慢、人口老龄化，劳动力稀缺已成为经济发展的一大制约因素，欧美国家普遍缺乏家政、医护、海员等劳务，日本则从农业到工业，从服务业到高科技行业都存在劳动力不足。尤其在服务业劳务市场方面，国际医护劳务市场上对护士的需求量极大。

(二) 我国对外劳务输出发展方向

1. 加强政府的监管和服务功能

与其他对外经济活动相比，对外劳务输出面临更为复杂的市场环境，具有一定的不确定性，在将劳务输出视为一种市场行为的同时又需要政府加强信息提供和监督。

2. 大力发展高技术劳务的对外输出

发展高技术劳务输出的两大好处：一方面，全面分享《服务贸易总协定》有关自然人流动自由化带来的利益；另一方面，引起国内人力资本投资方向的转变。

3. 大力发展服务业劳务的对外输出

服务业劳务市场发展前景广阔，大力发展服务业劳务的对外输出，对提高国内服务业水平、改变我国服务贸易逆差状况具有重要意义。

4. 大力发展农业劳务的对外输出

(1) 农业劳务的输出的概念：是指大农业的概念，包括农林牧渔业。

(2) 优势条件：首先，我国农村 3.3 亿农业劳动力可以在不降低农业产出的前提下转移 2 亿～2.5 亿人。其次，农业劳务属于劳动密集型劳务，非常适合我国农村剩余劳动力的输出。最后，培训成本及短期调整成本都较低，既减轻了国内就业压力，又增加了个人及家庭的收入。

5. 中国大规模发展劳务输出的条件日臻成熟

在过去的几十年中，中国积累了较为丰富的经营和管理经验，宏观管理上也逐步探索出一套较为有效的管理办法，随着中国进一步与国际多边贸易体系接轨，中国开展对外劳务合作拥有一定的管理优势。

重点和难点

本章应掌握的主要知识点包括：(1) 中国对外劳务输出的现状与特点；(2) 中国劳务输出在社会经济中的作用；(3) 中国劳务输出的主要障碍因素；(4) 促进中国劳务输出事业发展的战略和对策；(5) 中国发展劳务输出事业的前景。

同步综合练习题

一、单项选择题

1. 第二次世界大战期间，我国劳动力国际流动的最大特点是（　　）。

A. 带有很强的战争服务意义　　B. 以经济利益为目标

C. 带有人道主义的色彩　　D. 流动范围非常广

2. 新中国成立初期，我国劳务输出的主要特点是（　　）。

A. 以经济利益为目标　　B. 带有人道主义的色彩

C. 带有很强的战争服务意义　　D. 流动范围非常广

3. 20世纪70年代，我国劳务输出项目的主要特点是（　　）。

A. 以经济利益为目标　　B. 带有人道主义的色彩

C. 流动范围非常广　　D. 带有浓厚的政治意图

4. 我国真正成熟的对外劳务输出始于（　　）。

A. 1977年　　B. 1978年　　C. 1979年　　D. 1980年

5. 在改革开放初期，中国开展对外承包工程的主要目的是（　　）。

A. 支持国内建设　　B. 对外输出劳动

C. 获取发达国家的先进技术　　D. 获得外汇

6. 1979～1984年为中国对外劳务输出发展的初级阶段，这一时期，对劳务输出企业的设立进行审查的机构是（　　）。

A. 对外经贸部　　B. 国务院

C. 外交部　　D. 中国土木工程小组

7. 1985～1990年为中国对外劳务输出发展的波动阶段，中国国际公司的承包工程和劳务合作项目绝大多数集中在（　　）。

A. 东亚地区　　B. 中东地区

C. 欧洲　　D. 北美洲

8. 2012年，在亚洲国家和地区中，从对外劳务合作项目下派出劳务人数看，排名第一的国家和地区是（　　）。

A. 中国澳门　　B. 中国香港

C. 日本　　D. 中国台湾

9. 2012年，从对外承包工程项目的完成金额来看，排名第一的国家和地区是（　　）。

A. 印度　　B. 沙特阿拉伯

C. 印度尼西亚　　D. 越南

10. 总体上看，中国外派劳务以（　　）为主。

A. 资源密集型　　B. 技术密集型

C. 市场密集型　　D. 劳动密集型

11. 国际劳务市场的竞争实质上就是（　　）。

A. 劳务人员经济实力的竞争　　B. 劳务人员综合素质的竞争

C. 劳务人员文化水平的竞争　　D. 劳务人员科技水平的竞争

12. 1979～1999 年，我国成立的对外合作企业基本都是（　　）。
A. 私营企业　　B. 个体企业
C. 国有企业　　D. 外资企业
13. 目前我国最主要的劳务输出方式是（　　）。
A. 国际劳务合作　　B. 出国旅游
C. 海外移民　　D. 单纯劳务输出
14.《服务贸易总协定》的实际作用是（　　）。
A. 促进各国贸易的发展
B. 保障大多数海外劳工的利益
C. 加强各国间的交流
D. 促进考察性商务访问和跨国公司内部高层人员的流动
15. 世界贸易组织管理国际服务贸易秩序的基本文件是（　　）。
A.《海牙规则》　　B.《服务贸易总协定》
C. 1932 年《华沙-牛津规则》　　D.《国际贸易法》
16. 我国制定对外劳务输出的促进和监管政策的部门是（　　）。
A. 国务院　　B. 经济与贸易部
C. 商务部　　D. 外交部
17. 建立政府、行业组织、经营公司之间的互动机制，发挥各方优势，其中，作为先导的是（　　）。
A. 行业协会间的沟通　　B. 政府间谈判、签约
C. 政府制定法律　　D. 经营公司的探索
18. 建立政府、行业组织、经营公司之间的互动机制，发挥各方优势，其中，作为催化剂的是（　　）。
A. 行业协会间的沟通　　B. 政府间谈判、签约
C. 政府制定法律　　D. 经营公司的探索
19. 建立政府、行业组织、经营公司之间的互动机制，发挥各方优势，其中，作为突破口的是（　　）。
A. 政府间谈判、签约　　B. 行业协会间的沟通
C. 政府制定法律　　D. 经营公司的探索
20. 出国劳务人员与经营公司签订的合同叫（　　）。
A.《雇佣合同》　　B.《外派劳务合同》
C.《对外劳务合作合同》　　D.《雇佣关系合同》
21. 出国劳务人员与外国雇主签订的合同叫（　　）。
A.《外派劳务合同》　　B.《对外劳务合作合同》
C.《雇佣合同》　　D.《雇佣关系合同》
22. 经营公司与外国雇主签订的合同叫（　　）。
A.《外派劳务合同》　　B.《雇佣合同》
C.《雇佣关系合同》　　D.《对外劳务合作合同》

23. 2013 年，成为世界第一大货物贸易大国的是（　　）。
A. 日本　　B. 中国
C. 美国　　D. 印度

二、多项选择题

1. 1979 年以后，我国的对外劳务输出渠道有（　　）。
A. 对外承包工程
B. 对外劳务合作
C. 在国外兴办独资、合资企业派出管理人员、技术人员及技术培训人员
D. 通过成套设备和技术出口带出劳务
E. 通过民间渠道进行劳务输出

2. 1986 年、1989 年和 1990 年这三年，劳务输出年末在外人数出现了负增长，主要原因有（　　）。
A. 劳务输出起点较低
B. 石油价格下落带来的中东建筑市场的萎缩
C. 海湾战争带来的中东建筑市场的萎缩
D. 与外国劳工的竞争激烈
E. 国家禁止对外劳工的输出

3. 目前，我国劳务合作行业主要分布在（　　）。
A. 制造业　　B. 建筑业
C. 农林牧渔业　　D. 交通运输业
E. 信息产业

4. 国际劳务输出的特点是（　　）。
A. 投资少　　B. 投资容易
C. 风险小　　D. 兑现及时
E. 收效快

5. 我国劳务输出人员素质低主要表现在以下几个方面（　　）。
A. 我国劳务输出男女比例失调
B. 我国劳务输出人员受传统观念影响严重
C. 外语能力差，存在语言障碍
D. 劳务人员技能单一，综合素质低
E. 技术型劳务输出占比低，结构不合理，高级劳务储备不足

6. 现行的《办理劳务人员出国手续的办法》的主要内容可以概括为三点（　　）。
A. 公安部门对办理护照把关
B. 商务部门审查外派劳务项目
C. 外事部门负责签证管理
D. 商务部门对办理护照把关
E. 公安部门审查外派劳务项目

7. 劳务输出经常会出现劳务权益得不到保障的情况，原因有（　　）。

A. 劳务输入国政府的阻挠

B. 外派公司政策观念、业务水平和资金实力都很差，劳务派出后一旦出现问题，根本没有能力处理

C. 一些经营公司对外派项目的真实性、可靠性缺乏深入了解，发出的招聘劳务信息往往与实际差距较大

D. 劳务人员常常忍气吞声，并不敢索求自己的正当利益

E. 一些没有对外经营权的非法公司甚至个人（俗称“黑中介”），利用人们想出国打工挣大钱的心理进行诈骗，严重扰乱了对外承包劳务市场的经营秩序

8. 对对外劳务输出行业的发展支持力度仍然不够，支持体系还不完善。具体问题体现为以下几点（　　）。

A. 企业管理人员和外派劳务出入境手续仍可简化，周期仍可缩短

B. 政府有关部门在维护市场经营秩序、维护经营公司合法利益方面缺乏有效的支持手段

C. 劳务人员常常对此抱有无所谓的态度

D. 政府有关部门对外交涉力度不够

E. 我国目前还没有建立完善的归国劳工重新安置就业计划，使得低技能的归国劳工失业率普遍较高

9. 目前我国劳务输出的方式有（　　）。

A. 政府劳务输出　　B. 国际劳务合作

C. 海外移民　　D. 出国旅游

E. 单纯劳务输出

10. 我国对外劳务合作机构不能及时掌握国际劳务市场的供求信息，存在信息来源少、渠道不畅等问题。具体表现为以下几点（　　）。

A. 信息量少　　B. 资金少

C. 劳务人员数量庞大　　D. 劳务信息网络不健全

E. 信息不能综合利用

11. 许多国家虽然允许外国劳务进入，但对进入劳务人员的数量实施限制，实行限制的形式多种多样，如（　　）。

A. 有的国家规定每年入境人员的最高数量

B. 有的国家规定每年入境人员的最低数量

C. 有的国家按当地人与外国人的比例确定入境人数

D. 有的国家按照总就业的固定比例确定外籍劳务人员

E. 有的国家则按照总工资的固定比例确定外籍劳务人员

12. 总的来说，被发达国家和大多数发展中国家列入承诺计划的人员主要包括（　　）。

A. 公司内部流动人员　　B. 商业访问者

C. 宗教传播者　　D. 难民

E. 优秀的外国专家及有实际经验的人员

13. 我国应由商务部制定对外劳务输出的促进和监管政策，完善各项规章制度，包括（　　）。

A. 经营资格核准及年审制度　　B. 外派劳务培训制度
C. 对外劳务输出备用金制度　　D. 外派劳务援助制度
E. 统计制度

14. 我国现行的关于规范对外劳务输出的法律文件，只有两部综合性的规章，是（　）。
A.《对外劳务合作经营资格管理办法》 B. 经济法
C. 国际贸易法　　D. 工商法
E.《境外就业中介管理规定》

15. 由商务部批准的外派劳务经营资格，可以由以下几种途径（　）向当地政府的对外贸易经济合作机构了解。
A. 向中国对外承包工程商会外派劳务人员投诉机构了解等
B. 向中介机构了解
C. 登录商务部网站查询
D. 登录商务部主办的中国国际劳务合作专业网查询

16. 在劳务合同中，除工资、加班费条款（包括发放工资的日期）外，有几项内容必须十分注意（　）。
A. 合同期内工作的保障　　B. 生活和工作环境的保障
C. 各项保险条款　　D. 奖惩条款
E. 工作时间和节假日休息

17. 目前，国际上有三种通行的劳务经营体制（　）。
A. 委托经营型　　B. 经营管理型
C. 代理服务型　　D. 直接输出型
E. 代理型

18. 现阶段，我国三种模式并存，考虑到中国工人的语言问题和其他综合能力的暂时限制，应有计划地向代理制过渡。为此，要着手做好以下几种转变（　）。
A. 由原有的经营管理型向代理服务型转变，由劳务人员持因公护照向因私护照转变
B. 由劳务派出单位与工人签订合同向劳务人员直接与雇主签订合同转变，由劳务人员单独与派出单位签订出国合同向劳务人员和其家属共同和派出单位签订合同转变
C. 由公司代收代付工人工资向由外方直接向劳务人员支付工资转变，由公司单收机票抵押金向收取机票和履约抵押金转变
D. 由公司集体向业主担保向个人担保转变，由公司对劳务人员的行政管理向对劳务人员提供有偿服务转变
E. 由公司支付派出单位固定借调费向根据派人质量支付浮动借调费转变

三、名词解释

1. 对外承包
2. 中国的对外劳务合作

3. 多头管理
4. 价格竞争
5. 公司内部流动人员
6. 经营管理型模式
7. 代理服务型模式
8. 代理型模式
9. 农业劳务的输出

四、简答题

1. 1979 年以来，我国的对外劳务输出有哪些渠道？

2. 1979～1984 年为中国对外劳务输出发展的初级阶段，简述导致这一时期对外劳务输出增长速度较快的主要原因。

3. 在 20 世纪 90 年代初期，我国发展对外劳务输出的必要性和可能性有哪些？

4. 中国丰富的劳动力给劳务输出提供了可能，简要回答我国丰富劳动力产生的原因。

5. 发展对外劳务输出，有利于现代文化和生活方式的传播，具体表现在哪些方面？

6. 我国劳务输出事业起步较晚，观念尚保守，具体表现在哪些方面？

7. 我国在对外劳务输出中具有管理水平低下的特点，其突出表现在哪些方面？

8. 简述影响对外劳务政策的因素。

9. 进入 20 世纪 90 年代以后，国际劳务市场出现了供大于求的现象，造成我国的劳务输出面临更大困难的原因有哪些？

10. 简述我国商务部应该如何与其他部门合作，才能共同管理好我国的劳务输出。

11. 政府、行业组织、经营公司之间在对外劳务输出上应如何协调？

12. 我国外派劳务人员相对层次较低，以普通劳务为主，不能满足发达国家劳务市场对高素质人才的需求，应怎么改变？

五、论述题

1. 1985～1990 年为中国对外劳务输出发展的波动阶段，试述这一阶段的特点。
2. 试述中国对外劳务输出的现状。
3. 试述中国劳务输出在社会经济中的作用。
4. 试述中国劳务输出的主要障碍因素。
5. 试述促进中国劳务输出事业发展的战略和对策。
6. 论述中国发展劳务输出事业的发展前景。

六、案例分析题

我国劳务输出是在过去外援的基础上发展起来的，在管理上，仍带有计划经济传统模式的特征，没有专门的管理机构，多头对外，政出多门。外经贸部、外交部、公安部等各执一头，条块分割，没有统一协调和战略思考。经营外派劳务业务的企业纷繁复杂，除了对外劳务合作主管部门审批的以外，劳务部门所属的境外就业服务机构，地方外贸和办理护照的机关也批准成立了一些民间劳务输出公司，甚至个别未经任何部门批准的公司和个人，也在经营劳务输出业务，各公司之间竞相削价竞争的现象时有发生，损害了国家的整体利益。

由于管理体制不顺，管理层次多，一个劳务输出项目，从申请到立项、政审、申办护照等，往往需几个月甚至更长的时间才能把劳务人员送往国外工作地点，贻误了时机，降低了劳务输出公司在国际市场上的竞争力，提高了劳务成本，并且给一些以劳务输出名义骗取钱财的公司和个人留下空子，给我国劳务输出带来极坏的负面影响。其次，我国至今没有一套完善的劳务输出的法律、法规。同时，我国现有的有关劳务输出的一些法规也没有完全与国际接轨，一旦出现劳务输出争端，就显得束手无策。

我国劳动力的文化程度总体说来还处在一个较低的水平，能够派往国外的也大都是普通的劳务人员，专业技术水平较低，外语能力差，对国外市场适应能力和应变能力都不及国外的劳务人员。例如，流入美国的外籍移民中有30%以上受过高等教育；近年来，因派出的劳务人员不能胜任工作而被外国雇主遣返的事情时有发生，造成很坏的影响和经济损失。

我国劳务输出一直由政府部门及其所属公司所垄断，严重缺乏民间组织的参与和补充，很难适应当今国际劳务市场需求小规模、多层次、多批次、短周期的特点，在具体操作上也不太灵活。亚洲许多国家在劳务输出的实践中均建立了政府机构、非官方机构和个人三种渠道并重的举措，以充分发挥各方面的积极性和能动性，菲律宾、巴基斯坦、泰国、孟加拉国这四国的官方劳务输出渠道所占的比重分别仅为4.6%、7.4%、0.9%、3.3%，其余均为民间和个人渠道。

资料来源：钟文波，贾兰春，马文明 .2005. 我国对外劳务输出的现状、问题与对策，河北科技师范学院学报（社会科学版），(05)。

【问题讨论】

结合上述案例材料，运用教材中的相关专业知识讨论以下问题：

1. 我国劳务输出存在的问题有哪些？

2. 应该从哪些方面对上述问题进行改进？

参考答案

一、单项选择题

1. A	2. B	3. D	4. C	5. D
6. A	7. B	8. C	9. A	10. D
11. B	12. C	13. A	14. D	15. B
16. C	17. D	18. A	19. A	20. B
21. C	22. D	23. B		

二、多项选择题

1. ABCDE　2. BC　3. ABCD　4. ABCDE　5. CDE
6. ABC　7. BCDE　8. ABDE　9. BCE　10. ADE
11. ACDE　12. ABE　13. ABCDE　14. AE　15. ABDE
16. ABCDE　17. BCE　18. ABCDE

三、名词解释

1. 对外承包是指对外承包工程项目，主要是通过政府间协议、参加竞争性投标和与得标的外国承包商协调并签订合同，承揽项目部分工程

2. 中国的对外劳务合作是指国内从事对外经济合作的公司根据对外签订的合同，派遣各类专业人员和劳务到国外或境外从事经济活动。

3. 所谓多头管理，就是职责不明确、架构不清楚的代名词。也就是说，同一个人或同一个部门，有两个人以上可以指挥或管理，导致下级人员无所适从，不知听哪一个的好。

4. 价格竞争是指企业运用价格手段，通过价格的提高、维持或降低，以及对竞争者定价或变价的灵活反应等，来与竞争者争夺市场份额的一种竞争方式。

5. 公司内部流动人员指某公司调入其所在国的办事处、分支机构或子公司的外国雇员，允许在该国工作并领取薪金。

6. 经营管理型模式是指对内管理，对外协调，该模式适用于经济不发达国家。

7. 代理服务型模式是指国内一次性收费，公司与劳务签订有偿性服务合同，工人工资归个人所有，工人与国外雇主直接签订雇佣合同，该模式适用于法制完备的国家。

8. 代理型模式是指本国公司收取介绍费，国外老板与工人签订劳务合同，工人由老板直接管理，本国公司只对介绍负责，不对履行负责，该模式适用于法制完备的国家。

9. 农业劳务的输出是指大农业的概念，包括农林牧渔业。

四、简答题

1. 渠道主要有如下几种。

(1) 中国的对外劳务输出主要是在对外经济合作框架之下通过对外承包工程和对外劳务合作这两个渠道展开的。

(2) 在国外兴办独资、合资经营企业派出管理人员、技术人员及技术培训人员。

(3) 通过成套设备和技术出口带出劳务。

(4) 也有一些通过民间渠道进行的劳务输出。

总的说来，中国的劳务输出主要是以承包工程带动劳务输出和纯劳务合作两种方式进行的。

2. 主要原因如下。

(1) 这一时期正值国际劳务市场，特别是中东、北非市场空前繁荣，吸引了大量外籍劳务，客观上为中国劳务输出事业的起步和发展提供了良好的市场条件。

（2）因为起步时期的劳务输出起点较低，因此发展速度较快，表现为通过承包工程和劳务项目输出的人数急剧增加。

3.（1）必要性。①发展资金不足，国际收支不平衡等困难，开始进入了偿还国际债务的高峰期。②外贸出口条件差、出口产品技术含量低、增值能力低。③依靠国内积累和引进外资并不能完全弥补发展资金的不足。

（2）可能性。①我国劳动力资源丰富，适合发展劳务输出。②发展劳务输出既无须巨额投资，也无须大量资源，便可以增加一个获得发展资金的“新源泉”。

4. 我国丰富劳动力产生的原因如下。

（1）人口总数多，而生产力水平有限。在20世纪90年代中期，我国人口达到12.1亿人，其中劳动力资源约8.2亿人，由于当时生产力发展水平有限，我国的第一、第二、第三产业吸纳劳动力的能力也十分有限，所以造成大量的剩余劳动力。

（2）进入21世纪，我国城镇登记失业率持续呈小幅攀升态势。

（3）新时期以来，加入WTO所面临的更开放、更激烈的竞争环境，以及国企产权改革持续深入带来的国企职工大规模下岗。

（4）金融危机下劳动市场的萎缩。

（5）城镇化大背景下农村剩余劳动力的大规模释放。

5. 具体表现在如下几个方面。

（1）可以通过务工人员到国外走南闯北，脱离小农经济落后的生产生活方式，接受最新现代文明的熏陶，接受市场经济洗礼，开阔视野，启迪智慧，更新观念，提高素质，培养和造就新型劳动者。

（2）可以通过大批外出务工返乡创业，彻底改变闲散劳动力“半闲半做”的懒散生活，促进社会的改革、发展和稳定，让外出务工者告别过去保守、狭隘的落后思想，逐步成为先进文化的传播者和精神文明建设的带头人。

（3）可以通过大规模的人口流动，推动城乡二元结构向一元结构演变，彻底打破一系列制度性障碍，促进政府管理创新和社会变革，以人为本，打造诚信环境，建立和谐社会。

6. 具体表现在如下几个方面。

（1）在改革开放以前，受“左”的思想影响，劳动力被看成国家和集体所有，由国家统一计划分配，这种传统理论观念使得在国内建立一个自由流动的劳动力市场受到很大限制，更不用说把劳动力输出到国外，使劳动力参与到国际劳动力市场的竞争了。

（2）政府对劳务输出的认识和重视尚浅，重商品出口，对劳务输出却有诸多限制，政府对劳务输出宣传力度不强，支持和鼓励措施少，这种“重商品轻劳务”的思想直接影响了我国劳务输出的发展。

（3）受旧中国的华工、侨民阴影影响，加上“穷家难舍、故土难离”等传统思想束缚，我国劳动人民缺乏走出国门创业求职的胆识和勇气，导致我国劳务输出一直以来都比较被动。

7. 具体表现在如下七个方面。

（1）各有关职能部门的关系没有协调、理顺。

（2）管理人员整体素质不高。在我国的外派劳务管理人员中，一般性工作人员多，专业人员少，懂外语、懂业务、懂管理、会谈判的人员更少，难以适应管理工作的需要。此外，管理人员在劳务输出的管理上缺乏宏观统筹和综合协调能力，致使不同地区、部门在劳务输出过程中信息不能综合利用，甚至还造成了国内劳务输出公司之间过度竞争的局面。再者，管理人员经营方式不灵活，不能在瞬息万变的国际劳务市场中通过多样的经营方式取胜，加之派出劳务人员的中间管理层次过多，审批程序、手续繁多，致使一些项目因管理不善而失败。

（3）管理政策可操作性不强，“多头管理”现象突出。政府各部门依据各自的规章管理外派劳务业务，使“多头管理”问题日趋严重，令市场缺乏统一的协调和有效的战略指导，以及规范化、系统化、制度化的管理。

（4）企业管理秩序较为混乱。第一是低价竞争；第二是违规操作；第三是应对措施不到位；第四是劳务权益得不到保障。

（5）缺乏对劳务输出的政策支持和对输出人员的保障措施。总的看来，对对外劳务输出行业的发展支持力度仍然不够，支持体系还不完善。

（6）劳务输出企业竞争力不强。第一，劳务输出经营主体单一；第二，劳务输出渠道单一；第三，劳务输出经营主体资金短缺，缺乏高级管理人才。

（7）劳务输出信息网络不健全，信息来源渠道少，信息传播渠道不畅。第一是信息量少；第二是劳务信息网络不健全；第三是信息不能综合利用。

8. 影响对外劳务政策的因素如下。

（1）对外劳务输出是一项较为敏感的商务活动，国际劳务市场受世界经济政治因素影响，对外籍劳务输入的政策经常变化。例如，两伊战争连年不断使劳务市场出现萎缩趋势。

（2）一国对外劳务政策的变化，还可能出于治理市场经营秩序混乱的考虑。例如，受建筑市场不景气、劳务合作市场经营秩序混乱、劳动纠纷和各种突发事件时有发生等因素影响，新加坡曾一度暂停引进中国建筑劳务。

（3）一国对外劳务政策的变化也可能因为其自身政策的某些调整。例如，以色列从2004年7月1日开始，政府要求所有外籍劳务的雇主从工人的工资中直接代扣所得税，并将该款项上缴国库。

9. 原因包括如下几个方面。

（1）我国原有劳动力成本低廉的优势也在逐渐减弱。

（2）从国际劳务市场的需求和发展来看，对普通劳务人员的需求将越来越少，而且目前已达到饱和。

（3）对智力型、技术型和管理型高级劳务的需求则将逐年上升。

（4）我国外派劳务人员的整体素质不高，“技术含量”低，大多从事体力劳动，不适应国际劳务市场对劳务人员提出的新要求。

10. 做法如下。

（1）商务部与公安部门合作，共同完善外派劳务人员出国手续，建立劳务人员出境证明制度。

（2）商务部与外事部门合作，共同建立境外劳务纠纷或突发事件处理机制。

（3）商务部与工商等部门合作，联手整顿外派劳务市场经营秩序。

（4）商务部与财政部门合作，制定相应的外派劳务收费制度及外派劳务人员履约保证保险制度，从而减轻劳务人员经济负担。

（5）商务部与航空、海运等有关专业部门合作，加强对外派海员、空乘劳务的管理。

11. 协调措施如下。

（1）政府应充分重视对外劳务输出行业的发展，综合运用政治和经济等各种外交手段，按照《服务贸易总协定》的有关原则，加强我国的双边和多边谈判力度。

（2）作为行业组织的承包商会，要积极与国外有关机构合作，不断开拓欧美等发达国家市场，推动输欧海员、厨师等外派业务的发展。

（3）建立政府、行业组织、经营公司之间的互动机制，发挥各方优势，在劳务合作业务开拓、巩固工作中，政府、行业组织、经营公司三者缺一不可。

（4）以经营公司的探索为先导、行业协会间的沟通为催化剂，以政府间谈判、签约为突破口，三方联手互动，从不同层面、不同角度，发挥各自优势开展工作。

12. 改变措施如下。

（1）利用劳务输出机构自办培训学校、各类职业技术学校、技工学校和中专学校。

（2）还可由拨款建立专门的培训基地有计划地对劳务输出人员进行培训。

（3）也可在大专院校设置培训中心，进行有重点的培训，造就一批能够适应欧美市场需要的各类专业技术人员，建立一个充足的技术劳务人员人力资源库。

五、论述题

1. 答案要点。

（1）总体来说，中国劳务输出的发展波动较大，低迷与增长交错出现。一方面，低迷期仍在持续，其中，1986年、1989年和1990年这三年，劳务输出年末在外人数竟然出现了负增长。另一方面，跳跃式的发展期开始出现。从内部原因看，1985年以后，中国建筑承包公司利用在国际市场积累的经验，不断扩大对外工程建设的承包，开始注重市场多元化战略，努力发展中东以外，特别是东南亚及苏联市场，使得中国劳务输出人数出现回升。从外部环境原因看，1987年以后由于石油价格逐渐趋于平稳，1988年两伊停战，中东劳务市场开始好转，特别是受中苏关系正常化及向中国香港投资的影响。

（2）在20世纪80年代后期，中国对外劳务输出的技术层次有了较大的提高，已经从原来的主要参与中小型劳动密集型工程承包的劳务和一些单纯的普通劳务，发展到该阶段可以承揽一些电子、化工、冶金、石油等专业性和技术性较强的工程及劳务活动，并开始向工业发达国家利润率较高的高技术领域开拓业务，初步形成了具有中国特色，行业齐全，低、中、高级劳务并存的劳务输出格局。

（3）我国在劳务输出机构建设上也取得了可喜的进展，涌现出一批经营有方的对外承包工程和劳务合作公司。

2. 答案要点。

（1）我国对外劳务合作业务总体继续保持一定规模。

（2）亚洲、非洲仍是我国对外劳务合作的主要市场。目前，中国基本上形成了以亚洲为主，非洲、拉丁美洲和南太平洋地区为辅，中东地区稳步恢复，欧洲地区保持稳步增长的态势的多元化市场格局。

（3）行业分布以制造业为主，但高技术领域有所扩大。我国对外劳务输出的行业种类呈现出由低层次到高层次、由少数行业到多数行业、由体力行业向智能型行业发展的态势。

（4）输出人员层次偏低，但高技术人员有所增加。改革开放以来，中国对外劳务合作有了较大的发展，对外输出人员结构不断优化。

（5）经营主体数量增加较快。近两年，地方外经企业的经营实力增强，在我国对外劳务合作业务中的比重越来越大，成为我国对外劳务合作的主力军。

（6）政府管理、行业自律的格局初步形成，经营秩序相对好转。近两年来，在政府部门、行业组织和经营公司的共同努力下，对外劳务合作行业企业自律意识逐步提高，经营秩序相对好转。

（7）不足之处，在整个世界劳务市场上还不占据优势，与世界劳务输出强国相比，仍有很大差距。我国的劳务贸易总额和劳务人数分别只占世界劳务贸易总额和世界劳务总人数的3%左右，无论是劳动力输出人数，还是劳动承包合同额，抑或创汇收入，不但比不上发达国家，而且还远远落后于许多发展中国家。

3. 答案要点。

（1）有利于增加个人和国家的收入。从个人角度来说，劳务人员到国外提供劳务所获得的报酬要高于国内，有的甚至高于国内好几倍，这是国际劳务市场导向所决定的。另外，这些劳务人员将所挣外汇大部分汇回国内，提高了我国人民的消费水平，也带动了第三产业的发展，这又为今后我国的劳务输出打下良好基础，形成一个良性的循环。从国家的角度看，通过发展劳务输出，能获得大量外汇收入，改善国际收支。国际劳务输出是一项投资少、风险小、收效快的事业。

（2）有利于减缓就业压力。在国内就业形势日益严峻的形势下，积极拓展境外就业、谋求国际劳务合作正成为解决中国富裕劳动力出路的重要途径之一，它对于缓解我国就业压力，加快经济建设是有着举足轻重的作用的。

（3）有利于培养国际性人才，鼓励回乡创业。首先，对外劳务输出有利于输出国的劳动力学习和掌握外国先进技术和管理经验。其次，许多劳务人员回国后，不仅把国外学习的先进技术和管理经验带回国内，也将积累的资金带回国内，自行经商创业，并带动一批人就业，起到了致富带头人的作用，对促进当地的经济发展起到了不可估量的作用。最后，我国通过对外输出劳动者的回流，吸收了西方工业化的技术知识，积累了企业经营的管理经验，集聚了财富，更建立了海外经济网络，绕过了某些生产制造技术的巨大花费和冒险，提高了生产力水平，为国家的经济发展做出了极大的贡献。

（4）有利于我国的结构调整。我国应坚持资本、技术密集型与劳动密集型相结合的结构模式。一方面，我国应该在激烈的竞争中力争占据产业链的中上游，在国际分工中争取有利的地位；但与此同时，我国人口众多，又处在社会主义初级阶段，因此，有必要继续坚持劳动密集型的产业模式。

(5) 有利于现代文化和生活方式的传播。发展对外劳务输出，不仅能大量创造物质财富，促进城乡物质文明建设，而且也能有效地改造外出务工人员的精神世界，促进城乡政治文明和精神文明建设，推动社会经济持续快速的健康发展。

(6) 有利于生态环保建设。对外劳务输出可以做到以“零排放”的方式换取外汇收入，对于我国而言，是一种零污染的发展方式，尤其是对于经济欠发达地区，这些地区因为工业不发达，自然生态破坏比较小，往往较好地保持了自然生态和人文生态。我们要把生态环境作为一种资本来经营，正确处理眼前利益和长远利益的关系，强化“保护环境就是保护生产力，保护一方青山绿水就是发展”的观念，按照市场需求导向，发挥政府调控作用，进行规划、保护、利用，培育新的经济增长点，加快生态资源向生态资本转化。

4. 答案要点。

(1) 来自国内的主要障碍。我国劳务输出事业起步较晚，观念尚保守；劳务输出人员素质偏低，劳务输出市场狭窄；法制不健全，政策法规亟待完善；管理水平低下；缺乏对劳务输出的政策支持和对输出人员的保障措施；劳务输出企业竞争力不强；劳务输出信息网络不健全，信息来源渠道少，信息传播渠道不畅。

(2) 来自国外的主要障碍。

第一，国际政治经济环境的制约。①世界贸易组织有关人员流动的规则不够完善；②各国对外劳务政策经常发生变化；③个别国家对我国外派劳务存在歧视；④各国劳务市场非关税壁垒愈演愈烈。

第二，国际劳动力市场供过于求，劳动力需求结构改变。

第三，战乱区风险概率大。①属于纯粹的自然事件或灾害；②由于各种原因中国人遭受袭击。

5. 答案要点。

(1) 在国家层面上对劳务输出事业加强管理，开辟环境。

第一，完善中国对外劳务输出的部门管理体制。①强化商务部的宏观统筹管理；②加强各相关部门的协调合作；③对经营企业实行属地管理。

第二，加强劳务输出立法。

第三，加强对外沟通交涉。①政府应充分重视对外劳务输出行业的发展，综合运用政治和经济等各种外交手段，按照《服务贸易总协定》的有关原则，加强我国的双边和多边谈判力度。②作为行业组织的承包商会，要积极与国外有关机构合作，不断开拓欧美等发达国家市场，推动输欧海员、厨师等外派业务的发展。③建立政府、行业组织、经营公司之间的互动机制，发挥各方优势。④加强市场调研，制定符合国际市场要求的发展战略。

(2) 完善对外劳务输出的保障制度和促进体系。

第一，强化劳务输出人员的安全教育。①从国内来看，要保证出国打工的安全性，还要了解招聘人员的公司是否具备商务部批准的外派劳务经营资格，避免上当受骗；②工作安全的教育；③加强预防恐怖袭击的常识教育。

第二，重视劳务合同中各项保障条款的作用，加强维权意识。外出务工一定要认真。

研究合同。一般来说，正规渠道输出劳务，必须签三份合同。出国劳务人员与经营公司签订的合同叫《外派劳务合同》，出国劳务人员与外国雇主签订的合同叫《雇佣合同》，经营公司与外国雇主签订的合同叫《对外劳务合作合同》。

第三，确立健全的对外劳务输出服务体系，保证行业发展的积极性。

第四，深化劳务输出经营体制改革。

(3) 提高对外输出劳务人员的素质。

第一，提高学历层次与语言能力。

第二，推进对外劳务输出基地建设，培训和储备合格外派劳务人员。

第三，健全培训体系，多方面培养人才。①加强对企业经营管理人员的培训；②采用劳务人员培训与职业教育相结合的方式；③加强劳务输出企业与高等教育机构的合作培养。

6. (1) 我国对外劳务输出事业前景广阔。

第一，健全的工业体系有利于支撑我国的对外贸易事业。中国国内经济建设经过了60多年的发展，初步形成了门类较为齐全的工业和国民经济体系。中国雄厚的工业基础，是吸引国际资本的基石。经过半个多世纪的奋斗，中国建立了独立完整的现代工业体系，门类齐全，工业生产力布局日趋合理。中国工业的发展从加工生产到出口贸易，都为发展国际劳务合作拓宽了道路，奠定了坚实基础。

第二，廉价且素质较高的劳动力为对外劳务输出事业提供充足的人力资源。中国拥有丰富的廉价且素质较高的劳动力资源。中国工业生产的高效率、多样化和对外贸易的快速发展，有利于进一步扩大多层次、宽领域的对外劳务合作。

第三，发达国家结构性缺员现象严重，将进一步考虑放宽劳务引进。①一些发展中国家尽管自身劳动力资源丰富，但结构性缺员现象严重，出现了既输出劳务，又引进劳务的现象。②发达国家由于人口增长放慢、人口老龄化，劳动力稀缺已成为经济发展的一大制约因素，欧美国家普遍缺乏家政、医护、海员等劳务，日本则从农业到工业，从服务业到高科技行业都存在劳动力不足的现象。

(2) 我国对外劳务输出发展方向。

第一，加强政府的监管和服务功能。

第二，大力发展高技术劳务的对外输出。

第三，大力发展服务业劳务的对外输出。

第四，大力发展农业劳务的对外输出。

六、案例分析题

存在问题如下。

(1) 我国劳务输出事业起步较晚，观念尚保守。在管理上，仍带有计划经济的传统模式特征。劳动力由国家统一计划分配，这种传统理念使得在国内建立一个自由流动的劳动力市场受到很大限制。

(2) 管理水平低下。各有关职能部门没有协调理顺，“多头管理”现象突出，企业管理秩序较为混乱。

(3) 法制不健全。我国至今没有一套完善的劳务输出的法律、法规。现有的有关劳务输出的一些法规也没有完全与国际接轨。

(4) 劳务输出人员素质偏低。表现如下：外语能力差、存在语言障碍；劳务人员技能单一，综合素质低；智力型劳务（技术型劳务）输出占比低。

(5) 我国劳务输出一直由政府部门及其所属公司垄断，缺乏民间组织的参与和补充。

对策如下。

(1) 完善中国对外劳务输出的部门管理体制。①强化商务部宏观统筹管理。②加强各相关部门的协调合作。③对经营企业实行属地管理。

(2) 加强劳务输出立法，借鉴其他国家在该领域的立法经验，做到有法可依。

(3) 提高对外输出劳务人员的素质。①提高学历层次与语言能力；②推进对外劳务输出基地建设，培训和储备合格外派劳务人员；③健全培训体系，多方面培养人才。

(4) 鼓励民间组织的参与。

全真模拟演练（一）

（考试时间 150 分钟）

总分		题号	一	二	三	四	五	六
核分人		题分	20	20	9	25	10	16
复查人		得分						

一、单项选择题（本大题共 20 小题，每小题 1 分，共 20 分。在每小题列出的四个备选项中只有一个是符合题目要求的，请将其代码填写在题后的括号内。错选、多选或未选均无分）

1. 16 世纪至 19 世纪上半叶的国际迁移模式是（　　）。

A. 线性的单向流动　　B. 非线性的单向流动

C. 非线性的双向流动　　D. 线性的双向流动

2. 截至 2013 年，国际移民目的地接受移民最多的国家是（　　）。

A. 德国　　B. 俄罗斯　　C. 美国　　D. 英国

3. 根据国际劳工组织的定义，移民工人是由一国移居另一国，目的是谋求（　　）。

A. 个人教育　　B. 个人就业　　C. 个人交流　　D. 个人旅游

4. 巴基斯坦移民和海外就业局在国外设立了 18 个办事处，其中办事处最多的是（　　）。

A. 中东　　B. 英国

C. 马来西亚　　D. 美国

5. 菲律宾海外劳工的最大雇主是（　　）。

A. 英国　　B. 中国　　C. 美国　　D. 日本

6. “8042 法”规定，只向承认和保护菲律宾劳动权利的国家派遣菲律宾劳工，这些国家必须有保护外国劳工利益的相关法律，而且是劳工保护的多边或双边协定的签字国。这些法律的具体执行机构是（　　）。

A. 菲律宾海外就业管理局　　B. 菲律宾使馆

C. 菲律宾政府　　D. 海外工人福利署

7. 被菲律宾政府定为外籍劳工日是每年的（　　）。

A. 6 月 6 日　　B. 6 月 7 日

C. 6 月 8 日　　D. 6 月 9 日

8. 20 世纪 90 年代，澳大利亚移民政策的宗旨是（　　）。

A. 限制移民数量，特别是家庭移民的入境量

B. 为个别部门发生的劳动力短缺补充人员，同时从长远考虑减少澳大利亚对移民的依赖程度

C. 建设国家

D. 提倡人道主义精神，积极接受国际难民

9. 澳大利亚联邦政府近来通过了一些有关反对歧视移民的法律，其中 1984 年的公共服务改革法的基点是（　　）。

A. 在公共服务部门就业机会平等　　B. 反对种族歧视

C. 反对性别歧视　　D. 妇女平等就业

10. 按照就业人数的多少排列，2011 年澳大利亚移民就业人数最多的产业是（　　）。

A. 专业科学　　B. 技术服务行业

C. 卫生保健和社会援助　　D. 制造业

11. 根据日本厚生劳动省的调查显示，截止到 2013 年 10 月末，雇佣外国劳动者人数最多的企业是（　　）。

A. 制造业　　B. 餐饮服务业

C. 批发零售业　　D. 电子产业

12. 为了制约那些来自第二次世界大战后获独立的英联邦国家的移民，英国政府于 1961 年 10 月推出了（　　）。

A.《外籍人法》　　B.《移民国别分配法》

C.《移民国际法修正条例》　　D.《英联邦移民法法案》

13. 在大不列颠获准受雇的外籍人，劳动许可的发放机构是（　　）。

A. 就业部　　B. 劳动力服务局

C. 社会保障局　　D. 英国政府秘书办

14. 未在英国境内的英联邦市民的劳动许可申请如获准，有关部门将通过正式途径，寄给（　　）。

A. 雇主　　B. 本人

C. 就业部　　D. 中介机构

15. 根据英国移民法，在英国本土就业的外籍人若变换工作，在大不列颠要得到(　　)的批准。

A. 英国首相　　B. 经济开发部

C. 就业大臣　　D. 劳动力服务局

16. 1965 年 10 月美国政府颁布了有效期为 20 年（1965～1985 年）的《移民国际法修正条例》，改移民国别分配制度为以（　　）为主的制度。

A. 技术移民　　B. 朋友团聚

C. 家庭团聚　　D. 种群团聚

17. 第二次世界大战期间，我国的劳动力国际流动最大特点是（　　）。

A. 带有很强的战争服务意义　　B. 以经济利益为目标

C. 带有人道主义的色彩　　D. 流动范围非常广

18. 20 世纪 70 年代，我国的劳务输出项目的主要特点是（　　）。
A. 以经济利益为目标　　B. 带有人道主义的色彩
C. 流动范围非常大　　D. 带有浓厚的政治意图

19. 在改革开放初期，中国开展对外承包工程的主要目的是（　　）。
A. 支持国内建设　　B. 对外输出劳动
C. 获取发达国家的先进技术　　D. 获得外汇

20. 1985～1990 年为中国对外劳务输出发展的波动阶段，中国国际公司的承包工程和劳务合作项目绝大多数集中在（　　）。
A. 东亚地区　　B. 中东地区
C. 欧洲　　D. 北美洲

二、多项选择题（本大题共 10 小题，每小题 2 分，共 20 分。在每小题列出的五个备选项中至少有两个是符合题目要求的，请将其代码填写在题后的括号内。错选、多选或未选均无分）

21. 进入全球化时代以来，第三次科学技术革命使各国之间的科技文化和经济贸易的交流联系更加频繁，同时也加大了国际上（　　）的流动量。
A. 商品　　B. 人员　　C. 资本　　D. 信息
E. 技术

22. 当今国际移民分类呈现出多种不同类型，其中以迁移的动机为准，可区分为（　　）。
A. 生存性迁移　　B. 发展性迁移或自愿迁移
C. 被动迁移　　D. 短程迁移
E. 独立迁移

23. 全球流动人口主要分布在三大板块，即（　　）。
A. 亚洲　　B. 非洲　　C. 欧洲　　D. 美洲
E. 大洋洲

24. 印度最有竞争力的专业服务领域是（　　）。
A. 女佣　　B. 软件人员
C. 医务人员　　D. 律师
E. 工程师

25. 世界三个最大的移民国家是（　　）。
A. 澳大利亚　　B. 美国　　C. 加拿大　　D 韩国
E. 新加坡

26. 1788 年第一批大规模欧洲移民到澳大利亚定居，他们主要来自（　　）。
A. 英国　　B. 荷兰　　C. 西班牙　　D. 葡萄牙
E. 爱尔兰

27. 英国 1971 年重新颁布了移民法，该法规定（　　）。
A. 在联合王国有居住权者为本国人，不在出入境管理之列
B. 而无居住权者为非本国人，属出入境管理对象

C. 外籍人，包括非本国人的英联邦国民，初次到英国就业，一般只能在特定的场合就特定的工作获得一年的劳动许可，获准入境者若无就业部的许可，不准调换工作，并且要在警察署登记注册

D. 最初一年的居留许可期满尽，如果能继续受雇（需得到有关部门认可），才可获准居留延期

E. 在英国持续工作五年后便能获得永久居住权，以后就无须再到警察署登记注册。

28. 下述哪些外籍人员亦不需劳动许可（　　）。

A. 英国市民及欧盟成员国的国民在英国就业

B. 专职宗教工作者或在宗教组织设立的机构及设施内从事教育者

C. 被英国政府长期认可的外国报社、新闻报道机构的特派员

D. 根据英国教育部或有关机构实施的交流计划，赴英国学校任教的教师及其翻译

E. 按获准的合同到英国工作的季节性农业劳动者

29. 我国劳务输出人员素质低主要表现在以下几个方面（　　）。

A. 我国劳务输出男女比例失调

B. 我国劳务输出人员受传统观念影响严重

C. 外语能力差，存在语言障碍

D. 劳务人员技能单一，综合素质低

E. 技术型劳务输出占比低，结构不合理，高级劳务储备不足

30. 劳务输出经常会出现劳务权益得不到保障的情况，原因有（　　）。

A. 劳务输入国政府的阻挠

B. 外派公司政策观念、业务水平和资金实力都很差，劳务派出后一旦出现问题，根本没有能力处理

C. 一些经营公司对外派项目的真实性、可靠性缺乏深入了解，发出的招聘劳务信息往往与实际差距较大

D. 劳务人员常常忍气吞声，并不敢索求自己的正当利益

E. 一些没有对外经营权的非法公司甚至个人（俗称“黑中介”），利用人们想出国打工挣大钱的心理进行诈骗，严重扰乱了对外承包劳务市场的经营秩序

三、名词解释（本大题共 3 小题，每小题 3 分，共 9 分）

31. 新型劳务人才

32. 联合输出

33. 国际劳务输出

四、简答题（本大题共 5 小题，每小题 5 分，共 25 分）

34. 国际人口迁移在两次世界大战后进入了一个新的历史时期，具体表现有哪些？

35. 简述当代国际移民的特征。

36. 简述印度促进劳务输出的措施。

37. 简述团队冲突的管理过程。

38. 简述中国香港的劳务输入计划。

五、案例分析题（本题 10 分）

39. 在美国，许多迁入者具有较高的生产知识和技能，解决了接收国专业人员短缺的困难，起到促进接受国经济社会发展的作用。在美国，所有外国出生的成年人中至少有 42% 的人受过高等教育，这些人中的 23% 具有硕士学位。一些美国学者承认“美国经济从整体上得益于那些国外出生的科学家和工程师移民”。美国的亚洲和拉美移民是美国经济发展的支柱。一项研究表明：“合法和非法移民不是美国经济的负担，他们每年为美国经济做出的贡献价值 100 亿美元。”亚洲的移民是美国可以利用的人才网。美国的硅谷公司有许多是由印度人或中国人开办的。印度每年有 10 万名信息技术专业人员获得前往美国工作 6 年的特殊临时签证。许多华人也进入闻名于世的硅谷，他们对美国高科技的发展做出了重要贡献。硅谷里有 30 多家公司是由中国人开办的，他们来自清华大学。这些公司规模虽小，但发展迅速，业绩良好，这一类华资高科技企业，受到美国企业界的重视。

问题：

(1) 美国劳动部对社会主要职业的分类及其内容是什么？

（2）国际移民对美国有什么积极效应？

六、论述题（本大题共 2 小题，每小题 8 分，共 16 分）

40. 较之旧移民法，试述美国新移民法的改动。

41. 试述中国劳务输出在社会经济中的作用。

全真模拟演练（一）参考答案及解析

一、单项选择题（本大题共 20 小题，每小题 1 分，共 20 分）

1. A　2. C　3. B　4. A　5. C
6. A　7. B　8. A　9. A　10. C
11. A　12. D　13. A　14. B　15. C
16. C　17. A　18. D　19. D　20. B

二、多项选择题（本大题共 10 小题，每小题 2 分，共 20 分）

21. ABCDE　22. ABC　23. ACD　24. BC　25. ABC
26. AE　27. ABCDE　28. ABCDE　29. CDE　30. BCDE

三、名词解释（本大题共 3 小题，每小题 3 分，共 9 分）

31. 新型劳务人才分为两种：一种是有技能的专业技术人员，不需中介，自行出国谋生，也不归劳工部管理；另一种是无技能或半技能人员，需通过代理出国谋职。(3 分)

32. 联合输出：把管理工作输出和材料输出同劳工输出结合起来的输出方式。(3 分)

33. 国际劳务输出是指劳动者从一国向另一国或国境外某一地区转移，在外国或外地劳动，同时获得劳动收入。按国际惯例，这部分劳动者被称为移民工人。(3 分)

四、简答题（本大题共 5 小题，每小题 5 分，共 25 分）

34. 国际人口迁移在两次世界大战后的表现如下：

(1) 国际迁移在政治性方面的表现急剧增加；(1 分)

(2) 迁移流向发生变化，大批欧洲人从殖民地返回故土；(2 分)

(3) 欧洲人的回迁及外籍劳工的迁入使得其由过去的人口净迁出地变成了人口净迁入地。(2 分)

35. 当代国际移民特征如下：

(1) 国际移民的频率加速、数量增加；(1 分)

(2) 女性移民的数量日益增加；(1 分)

(3) 国际移民的流向发生变化；(1 分)

(4) 移民的素质要求在提升，移民政策的重心朝吸引科技人才方向倾斜。(2 分)

36. 印度促进劳务输出的措施如下：

(1) 印度政府重视人才输出；(1 分)

(2) 对劳务输出人员的管理极为细致严格，拥有完善的投诉机制；(1 分)

(3) 积极的政府间协议；(1 分)

(4) 政府十分重视人才培养，印度劳务输出的重点是新型劳务人才。(2 分)

37. 菲律宾对本国劳务输出的组织和管理工作如下：

（1）利用大众传媒，为个人赴海外工作提供充足的就业信息；（1分）
（2）菲律宾拥有完善的劳务输出立法制度及对海外劳工的保障制度；（1分）
（3）对劳务人员高效的培训体系；（1分）
（4）对劳务输出的财政支持政策；（1分）
（5）给予劳工崇高的政治荣誉；
（6）支持私营劳务输出机构开展业务。（答对第五或第六点得1分）

38. 中国香港的劳务输入计划如下：

中国香港输入外劳的政策经历了三个阶段。

第一阶段是大规模合法输入外劳政策的开始时期，中国香港实施的是“一般输入外劳政策”；（1分）

第二阶段是1990年5月中国香港实施了“新输入劳工政策”，放宽和扩大了输入外劳的计划；（2分）

第三阶段是1995年年底对输入外劳政策的调整时期，中国香港于1996年2月实施了“补充劳工计划”，大幅减少输入外地劳工。（2分）

五、案例分析题（本题10分）

39.（1）美国劳工部把社会主要职业分为ABC三大类。（2分）A类是劳工部认定在美国国内短缺的且由移民来填补也不会影响国内劳动力市场的那些职业；（1分）B类是经美国劳工部认定美国国内有足够从事这类工作的劳动者，且这类工作一旦由外籍人担当便会给同工种的美国劳动者的工资、劳动条件等带来不良影响的一些低技术性职业；（1分）C类职业是在美国部分地区招工困难的职业。（1分）

（2）首先，由于各种主客观的原因，流入的国外人才刚开始所从事的往往是流入国人才供给不足或是流入国居民不愿从事的工作，这是对流入国人才供给的有效补充。（1分）其次，国外人才的流入促进了流入国经济的快速发展。（1分）再次，国际移民导致美国的劳动力市场供给总量增加，生产该类产品和服务的数量增加，价格下降，有利于消费者。（1分）最后，劳动力资源的流入增加了流入国的人力资本总量，在没有增加投入的情况下能够获得较高的收益，这无疑将有利于流入国的长期经济发展。（2分）

六、论述题（本大题共2小题，每小题8分，共16分）

40. 美国新移民法的改动如下。

第一，在它实施后的头三年，把每年接纳的移民总数上限从过去的60万名提高到70万名。（4分）第二，将其中每年接纳的职业移民从过去的5.4万名（包括其家属）增加到14万名。（4分）

41. 中国劳务输出在社会经济中的作用如下：
（1）有利于增加个人和国家的收入；（2分）
（2）有利于减缓就业压力；（2分）
（3）有利于培养国际性人才，鼓励回乡创业；（1分）
（4）有利于我国的结构调整；（1分）
（5）有利于现代文化和生活方式的传播；（1分）
（6）有利于生态环保建设。（1分）

全真模拟演练（二）

（考试时间150分钟）

总分		题号	一	二	三	四	五	六
核分人		题分	20	20	9	25	10	16
复查人		得分						

一、单项选择题（本大题共20小题，每小题1分，共20分。在每小题列出的四个备选项中只有一个是符合题目要求的，请将其代码填写在题后的括号内。错选、多选或未选均无分）

1. 进入2000年后，吸引移民最多的地区是（　）

A. 欧洲　　B. 北美洲

C. 亚洲　　D. 大洋洲

2. 劳动力国际流动的方向与劳动力国际流动的原因密切相关，即主要的联系因素是（　）。

A. 政治因素　　B. 经济因素

C. 文化因素　　D. 科技因素

3. 研究资料表明，发展中国家最可能外迁的人群是（　）。

A. 高收入人群　　B. 中等收入人群

C. 低收入人群　　D. 无收入人群

4. 国际劳务合作是近（　）年来国际交往与合作中一项极具生命力的业务。

A. 40　　B. 50　　C. 60　　D. 70

5. 印度的投诉机制中，受理外国雇主投诉的单位是（　）。

A. 印度政府　　B. 移民保护总署

C. 印度驻外使馆　　D. 商业部

6. 泰国外派劳务管理的具体执行部门是（　）。

A. 泰国劳工部就业厅海外就业管理局　　B. 泰国劳工和社会福利部

C. 泰国政府　　D. 泰国外交部

7. 印度尼西亚劳工最集中的国家是（　）。

A. 中国　　B. 马来西亚

C. 印度　　D. 沙特阿拉伯

8. 在澳大利亚最早的移民中，居多数的是（　）。

A. 犯人　　B. 皇室成员
C. 商人　　D. 技术人员

9. 在第二次世界大战后早期，澳大利亚政府引进移民的主要目标是（　　）。
A. 建设国家　　B. 抵御外敌入侵
C. 接受难民的需要　　D. 弥补国内不足的劳动力

10. 日本输入人员层次较高的行业是（　　）。
A. 劳动密集型产业　　B. 高技术领域
C. 能源密集型产业　　D. 燃料密集型产业

11. 19 世纪六七十年代，韩国人口构成发生了较大的变化。其中在 1970 年，人口所占比重最多的是（　　）年龄段。
A. 65 岁以上　　B. 20～64 岁
C. 15～20 岁　　D. 0～14 岁

12. 曾有“日不落帝国”之称的国家是（　　）。
A. 英国　　B. 美国
C. 中国　　D. 西班牙

13. 近年来，英国接纳的移民总数基本是每年递增，达到最大值是在（　　）。
A. 2009 年　　B. 2010 年　　C. 2011 年　　D. 2012 年

14. 未在英国境内的英联邦市民的劳动许可申请如获准，有关部门将通过正式途径，寄给（　　）。
A. 雇主　　B. 本人
C. 就业部　　D. 中介机构

15. 根据英国移民法，在英国本土就业的外籍人若变换工作，在大不列颠要得到（　　）的批准。
A. 英国首相　　B. 经济开发部
C. 就业大臣　　D. 劳动力服务局

16. 1965 年 10 月美国政府颁布了有效期为 20 年（1965～1985 年）的《移民国际法修正条例》，改移民国别分配制度为以（　　）为主的制度。
A. 技术移民　　B. 朋友团聚
C. 家庭团聚　　D. 种群团聚

17. 2012 年，从对外承包工程项目的完成金额来看，排名第一的国家和地区是（　　）。
A. 印度　　B. 沙特阿拉伯
C. 印度尼西亚　　D. 越南

18. 国际劳务市场的竞争实质上就是（　　）。
A. 劳务人员经济实力的竞争　　B. 劳务人员综合素质的竞争
C. 劳务人员文化水平高低的竞争　　D. 劳务人员科技水平的竞争

19. 目前我国最主要的劳务输出方式是（　　）。
A. 国际劳务合作　　B. 出国旅游
C. 海外移民　　D. 单纯劳务输出

20. 世界贸易组织管理国际服务贸易秩序的基本文件是（　　）。

A.《海牙规则》　　B.《服务贸易总协定》

C. 1932年《华沙-牛津规则》　　D.《国际贸易法》

二、多项选择题（本大题共10小题，每小题2分，共20分。在每小题列出的五个备选项中至少有两个是符合题目要求的，请将其代码填写在题后的括号内。错选、多选或未选均无分）

21. 劳动力资源国际流动的方式主要有（　　）。

A. 出国旅游　　B. 移民迁移

C. 出国考察　　D. 探亲

E. 出国留学

22. 发展中国家都有一个共同点，就是相对来说（　　）。

A. 经济发展过慢　　B. 劳动力成本高

C. 人口增长过快　　D. 劳动力市场供大于求

E. 失业问题比较突出

23. 印度建立了较为完善的听证制度，移民保护总署和设在孟买、德里、加尔各答等地的移民保护专员直接受理这方面的投诉，时间固定在每周的（　　）。

A. 星期一　　B. 星期二

C. 星期三　　D. 星期四

E. 星期五

24. 巴基斯坦的福利援助计划包括（　　）。

A. 为海外务工人员提供资金补助

B. 为改善海外巴基斯坦工人居住条件提供资助

C. 为他们免费提供法律咨询

D. 为他们免费提供相关的电话服务

E. 为其子女提供奖学金等福利条件

25. 1971年是澳大利亚外籍劳工输入量的又一个高峰期，从国籍上看呈现多样化趋势，主要有（　　）。

A. 传统的欧洲移民

B. 新西兰人、非洲人

C. 由智利内乱、黎巴嫩内战造成的难民

D. 东南亚地区冲突造成的难民

E. 少数人是因为本国遭受自然灾害而迁移到澳大利亚

26. 技术移民的选择标准包括移民的（　　）。

A. 高等教育水平　　B. 身高

C. 工作经验　　D. 英语能力

E. 年龄

27. 在接纳外籍劳动者问题上，即便属于同一类型的国家，对待外籍人的策略、措施及具体法规也不尽相同，具体原因有（　　）。

A. 经济基础不同　　B. 工业化程度不同

C. 科技水平不同　　D. 人口结构具有差异

E. 歧视政策

28. 在 18 世纪初，向英国移居的主要地区有（　　）。

A. 荷兰　　B. 西印度群岛

C. 巴尔干半岛　　D. 亚洲

E. 加勒比海群岛

29. 1979 年以后，我国的对外劳务输出渠道有（　　）。

A. 对外承包工程

B. 对外劳务合作

C. 在国外兴办独资、合资企业派出管理人员、技术人员及技术培训人员

D. 通过成套设备和技术出口带出劳务

E. 通过民间渠道进行的劳务输出

30. 目前，我国劳务合作行业主要分布在（　　）。

A. 制造业　　B. 建筑业

C. 农林牧渔　　D. 交通运输业

E. 信息产业

三、名词解释（本大题共 3 小题，每小题 3 分，共 9 分）

31. 边境工人

32. 临时接纳型劳动力流动

33. 对外承包

四、简答题（本大题共 5 小题，每小题 5 分，共 25 分）

34. 简述北—南流向移民增长的主要原因。

35. 简述菲律宾对本国劳务输出的组织和管理。

36. 简述孟加拉国劳务输出相关政策。

37. 简述澳大利亚移民政策的转变。

38. 简述英国劳动许可的发放范围。

五、案例分析题（本题10分）

39. 走在德里的大路上，随机抓几个年轻人问一下家里有多少个兄弟姐妹，答案都不会让人失望的，3～5个算正常，6个以上也不鲜见。当下，在印度，一个热门话题正是，再过10年，印度人口就超过中国了。在这些增长的人口当中，最大的亮点无非就是这些即将加入劳动大军的青年人，经济学家称其为人口红利，能够快速推动经济增长。据印度专家预测，印度今年新增的劳动力人口将达2500万人，而未来5年，将会出现2.2亿名需要找工作的青年人。解决这些人的就业，成为政府最关键的任务，搞不好的话，反过来还会成为一颗造成社会混乱的定时炸弹。

劳务输出显然为印度爆炸性的人口增长起到了重要的缓冲作用，并为印度带来了可观的外汇收入。印度政府为此专门设立了印度海外就业委员会，专门研究印度海外就业形势并为海外印度劳工提供法律保护、专业培训等各种服务。

印度劳工历来全球闻名，最集中的地方是海湾国家。仅阿联酋和沙特阿拉伯两国的印度劳工，加起来就超过300万人。而人口仅有160万人的卡塔尔，其中就有45万印度人，这些印度人有近30%在卡塔尔的石油和天然气厂工作。这些印度劳工75%以上都是无技能工人，集中在建筑、医疗护理和工业维修等部门。据印度海外事务部报告，在沙特阿拉伯15 000名钢铁工人中，印度劳工就占了将近一半。这些印度来的无技能工人最大的优势是廉价，在阿联酋外来劳工中，最低工资才600迪拉姆（少于1100元）一个月。

印度劳工主要来自印度南部，其中以克拉拉邦人最受欢迎，出国打工者也最多。粗略估计，克拉拉邦每五个家庭中，至少有一位家庭成员出国打工。整个邦在外打工者，每年可汇约10亿美元回家。印度诺贝尔经济学奖获得者阿玛蒂亚-森对印度克拉拉邦做的研究显示，该邦的识字率、男女平等状况和生育率情况甚至要比中国领先的省份还要好，但就是缺少经济机会。由于靠近印度西海岸，出国打工成为克拉拉邦人致富的梦想。

问题：

(1) 印度支持劳务输出的措施有哪些？

（2）劳务输出对印度有哪些积极效应？

六、论述题（本大题共 2 小题，每小题 8 分，共 16 分）

40. 试论述韩国劳务市场的历史和现状。

41. 试述促进中国劳务输出事业发展的战略和对策。

全真模拟演练（二）参考答案及解析

一、单项选择题（本大题共 20 小题，每小题 1 分，共 20 分）

1. A　2. B　3. B　4. A　5. C
6. A　7. B　8. A　9. B　10. B
11. D　12. A　13. A　14. B　15. C
16. C　17. A　18. B　19. A　20. B

二、多项选择题（本大题共 10 小题，每小题 2 分，共 20 分）

21. BE　22. ACDE　23. BE　24. BCDE　25. ABCDE
26. ACDE　27. ABCD　28. BDE　29. ABCDE　30. ABCD

三、名词解释（本大题共 3 小题，每小题 3 分，共 9 分）

31. 边境工人指保持自己在本国国境内的居住地，但一般每天或至少每周一次往来穿梭于在邻国边境地区的工作地点与家庭所在地之间的工人。（3 分）

32. 临时接纳型劳动力流动即接纳国把外籍劳动者只当作本国经济复苏、腾飞的加速剂，实行临时性雇佣。（3 分）

33. 对外承包是指对外承包工程项目，主要是通过政府间协议、参加竞争性投标和与得标的外国承包商协调并签订合同，承揽项目部分工程。（3 分）

四、简答题（本大题共 5 小题，每小题 5 分，共 25 分）

34. 北—南流向移民的增长主要有以下几个原因：

（1）南方的经济机会增多；（1 分）

（2）跨国公司在全球特别是南方的扩张，为北方的技术工人创造了越来越多的职位；（1 分）

（3）出生于北方的移民回归南方祖籍国的规模在一些国家有显著增长；（1 分）

（4）在非经合组织国家留学的学生增长速度超过了经合组织国家；（1 分）

（5）越来越多的北方人退休后为了寻求温暖的气候和更低的生活成本而移民南方。（1 分）

35.（以下各小点，答对一点得 1 分，满分为 5 分）

（1）利用大众传媒，为个人赴海外工作提供充足的就业信息；

（2）建立完善的劳务输出立法制度；

（3）建立对海外劳工的保障制度；

（4）建立对劳务人员高效的培训体系；

（5）出台对劳务输出的财政支持政策；

（6）给予劳工崇高的政治荣誉；

（7）支持私营劳务输出机构开展业务。

36. 孟加拉国劳务输出的相关政策如下：

（1）设专门机构管理——孟加拉国劳动力就业培训局；（1 分）

（2）施行劳务输出代理制；（1 分）

（3）实行劳务输出培训制；（1 分）

（4）实行劳务输出合同制；（1 分）

（5）由劳动力就业培训局、国有股份有限公司、私营劳务输出代理机构、个人输出劳务多渠道输出劳务。（1 分）

37. 澳大利亚移民政策的转变如下：

（1）早期移民中，犯人居多；（1 分）

（2）第二次世界大战后，工业生产和建设对非技术劳动力的需求引发了澳大利亚战后第一次移民潮，移民必须从事政府指定的工作满两年，这样，政府就可以使移民从事国内优先需要发展的行业或向国内的雇主推荐优秀的移民工人，保证了新来的移民能够填补澳大利亚国内市场劳动力的空白；（1 分）

（3）20 世纪 70 年代，废除了对亚裔和有色人种的歧视，移民政策的发展进入新阶段，采取了宽松的移民和安置政策；（1 分）

（4）在国际移民浪潮的压力下，澳大利亚政府自 20 世纪 80 年代以来都对现行的移民政策进行改革，试图加强对移民的控制和管理。（1 分）

（5）20 世纪 90 年代，制定出更加明确的技术移民政策。（1 分）

38. 英国劳动许可的发放范围有以下几点：（答对一点得 1 分，满分为 5 分）

（1）具有被认可的专门资格者；

（2）管理人员；

（3）有特殊经验的高级技术人员；

（4）具备需要特定专门知识或技术的高级职称或稀有资格者；

（5）在国外公认的培训部门至少受过两年的大饭店或改食店的高级职务的职业培训者；

（6）具有某种专长并达到相当水平的艺人和体育选手；

（7）经就业部批准，在限期内赴英接受职业培训或进行职业经验积累者；

（8）就业大臣认定对其雇佣符合国家利益者；

（9）同时，要求受雇的外籍劳动者具有一定的英语水平，年龄在 23～54 岁，但艺人及体育选手不受此制约。

五、案例分析题（本题 10 分）

39.（1）印度支持劳务输出的措施有以下几点：①印度政府重视人才输出；（1 分）②对劳务输出人员的管理极为细致严格，拥有完善的投诉机制；（1 分）③积极的政府间协议；（1 分）④政府十分重视人才培养；（1 分）⑤印度劳务输出的重点是新型劳务人才。（1 分）

（2）劳务输出对印度的积极影响有以下几点。①对经济方面的影响：劳务输出对国内的主要贡献就是侨汇，通过向家庭和家乡汇款，移民在印度的家庭经济状况得以改善，这增加了当地消费，并带动当地的公共设施建设和公共服务质量的提高。（3 分）②对社会文化方面的影响：劳务输出对印度社会文化的影响主要包括两个方面：一方面是移民网络和移民文化的形成；（1 分）另一方面，是对传统社会文化和家庭观念的冲击。（1 分）

六、论述题（本大题共 2 小题，每小题 8 分，共 16 分）

40.（1）外籍劳动力从 1987 年开始进入韩国，而最初韩国并没有具体的外籍劳动力政策，当时进入韩国的外籍劳动力大多是非法身份，并主要从事制造业、工矿业、建筑业等行业。（2 分）

（2）从 2008 年下半年开始，韩国经济开始企稳回升，但复苏较快的大都是技术和资本密集型、自动化程度高的电子行业等，用工人数不多，因此，韩国整体就业率并未成正比上升，劳动力密集型行业甚至出现了较大的下滑。（2 分）

（3）目前，韩国正在进行产业结构调整，相对较少使用外籍劳务人员的技术、资本密集型产业发展迅速，而相对较多使用外籍劳务人员的传统制造业逐步萎缩，因此，韩国对一般劳动力的需求将逐渐减少。（2 分）预计韩国引进外籍劳务的总体规模会逐步缩小，不排除韩国政府对引进外籍劳务政策进行调整的可能。今后韩国引进外籍劳务人员的行业可能将主要集中于餐饮等服务业、建筑业、种植业、水产业和海运业。（2 分）

41.（1）在国家层面上对劳务输出事业加强管理，开辟环境。①完善中国对外劳务输出的部门管理体制。②加强劳务输出立法。③加强对外沟通交涉。（2 分）

（2）完善对外劳务输出的保障制度和促进体系。①强化劳务输出人员的安全教育。②重视劳务合同中各项保障条款的作用，加强维权意识。③确立健全的对外劳务输出服务体系，保证行业发展的积极性。④深化劳务输出经营体制改革。（3 分）

（3）提高对外输出劳务人员的素质。①提高学历层次与语言能力。②推进对外劳务输出基地建设，培训和储备合格外派劳务人员。③健全培训体系，多方面培养人才。（3 分）

全真模拟演练（三）

（考试时间 150 分钟）

总分		题号	一	二	三	四	五	六
核分人		题分	20	20	9	25	10	16
复查人		得分						

一、单项选择题（本大题共 20 小题，每小题 1 分，共 20 分。在每小题列出的四个备选项中只有一个是符合题目要求的，请将其代码填写在题后的括号内。错选、多选或未选均无分）

1. 截至 2013 年，国际移民目的地接受移民最多的国家是（　　）。

A. 德国　　B. 俄罗斯　　C. 美国　　D. 英国

2. 根据国际劳工组织的定义，移民工人是由一国移居另一国，目的是谋求（　　）。

A. 个人教育　　B. 个人就业

C. 个人交流　　D. 个人旅游

3. 研究资料表明，发展中国家最可能外迁的人群是（　　）。

A. 高收入人群　　B. 中等收入人群

C. 低收入人群　　D. 无收入人群

4. 巴基斯坦移民和海外就业局在国外设立了 18 个办事处，其中办事处最多的是（　　）。

A. 中东　　B. 英国

C. 马来西亚　　D. 美国

5. 菲律宾海外劳工的最大雇主是（　　）。

A. 英国　　B. 中国

C. 美国　　D. 日本

6. 1981～1983 年成了世界上仅次于美国的第二大建筑劳务输出国的是（　　）。

A. 韩国　　B. 美国

C. 中国　　D. 印度

7. 新加坡负责外籍劳务管理的政府部门是（　　）。

A. 人力部　　B. 国务院

C. 外劳部　　D. 劳动关系局

8. 据 2011 年中国香港人口普查，香港人口为 707 万人，99％是（　　）。

A. 华人　　B. 美国人
C. 英国人　　D. 荷兰人

9. 中国香港大规模合法输入外劳政策始于（　　）。
A. 1987 年　B. 1988 年　C. 1989 年　D. 1990 年

10. 中国香港"优秀人才入境计划"实施时间为（　　）。
A. 2006 年 6 月 27 日　　B. 2006 年 6 月 28 日
C. 2007 年 6 月 27 日　　D. 2007 年 6 月 28 日

11. 全球"老得最快"的国家或地区是（　　）。
A. 日本　　B. 中国台湾
C. 中国大陆　　D. 印度

12. 1986 年美国修改移民法的主要目的是（　　）。
A. 针对非法移民采取措施　　B. 保护合法移民的权益
C. 加强接纳有益于美国的技术人才　　D. 配合移民者们的家庭团聚的目的

13. 美国移民政策的最大特点是（　　）。
A. 效率高
B. 程序复杂
C. 把移民按类排序分配名额，实行优先制度
D. 有利于引进高素质人才

14. 法国首次提出有关外籍人的管理条例是（　　）。
A. 1945 年　B. 1946 年　C. 1947 年　D. 1948 年

15. 在法国的工资劳动者提出的居住许可申请由（　　）负责审查和发放。
A. 法国总统　　B. 省级警察长官
C. 省雇佣劳动管理局　　D. 就业部

16. 目前我国最主要的劳务输出方式是（　　）。
A. 国际劳务合作　　B. 出国旅游
C. 海外移民　　D. 单纯劳务输出

17. 世界贸易组织管理国际服务贸易秩序的基本文件是（　　）。
A.《海牙规则》　　B.《服务贸易总协定》
C. 1932 年《华沙-牛津规则》　　D.《国际贸易法》

18. 建立政府、行业组织、经营公司之间的互动机制，发挥各方优势，其中，作为先导的是（　　）。
A. 行业协会间的沟通　　B. 政府间谈判、签约
C. 政府制定法律　　D. 经营公司的探索

19. 建立政府、行业组织、经营公司之间的互动机制，发挥各方优势，其中，作为突破口的是（　　）。
A. 政府间谈判、签约　　B. 行业协会间的沟通
C. 政府制定法律　　D. 经营公司的探索

20. 出国劳务人员与外国雇主签订的合同叫（　　）。
A.《外派劳务合同》　　B.《对外劳务合作合同》

C.《雇佣合同》　　　　　　　　D.《雇佣关系合同》

二、多项选择题（本大题共 10 小题，每小题 2 分，共 20 分。在每小题列出的五个备选项中至少有两个是符合题目要求的，请将其代码填写在题后的括号内。错选、多选或未选均无分）

21. 对于发展中国家来说，有必要采取措施降低高技术人才的税负水平，包括（　　）。

A. 增加个人所得税的最高边际税率

B. 降低个人所得税的最高边际税率

C. 减少累进性个人所得税税率的累进性

D. 累进的个人所得税税率改为线性的比例税率

E. 增加累进性个人所得税税率的累进性

22. 劳动力资源国际流动改变了劳动力资源在不同国家的配置格局，对流入国的正面影响有（　　）。

A. 国外人才的进入使国内该类劳动就业人员数量下降。

B. 对流入国的人才供给，尤其是流入国居民不愿从事的工作提供有效补充。

C. 国外人才的流入促进了流入国经济的快速发展。

D. 导致劳动力市场供给总量增加，生产该类产品和服务的数量增加，价格下降，有利于消费者。

E. 劳动力资源的流入增加了流入国的人力资本总量，在没有增加投入的情况下能够获得较高的收益，这无疑将有利于流入国的长期经济发展。

23. 菲律宾海外劳工备用金主要用于会员的（　　）。

A. 保险　　B. 健康　　C. 教育培训　　D. 家庭福利

E. 应急救济及奖励

24. 根据泰国有关法律法规，共有五种合法渠道可以进行劳务输出（　　）。

A. 通过获得合法执照的私人劳务中介机构派出

B. 通过劳工部就业厅派出

C. 通过泰国本地雇主派出

D. 通过培训渠道派出

E. 通过海外自主择业

25. 孟加拉国劳动力就业培训局的作用有（　　）。

A. 提供国内外就业服务，为海外就业者提供保护

B. 为出国劳务人员提供福利及汇款保障，为海外就业者提供职业导向

C. 拟订、组织和筹备投资计划，提高城乡就业

D. 计划、制定和执行培训政策，拟订和执行培训计划，在各行业组织培训

E. 与国际有关机构，如世界银行、亚洲银行、伊斯兰劳工组织（ILO）、联合国开发计划署（UNDP）等建立联络网

F. 主编发布就业信息，对现行就业政策进行研究，提供改进与发展意见

26. 下列哪些建筑出自三星物产工人之手（　　）。

A. 迪拜塔　　　　　　　　B. 马来西亚双子塔

C. 东方明珠　　　　D. 纽约世贸中心自由之塔

E. 台北101大楼

27. 1991年9月，为了对外国向日本派遣研修生机构和日本接收机构进行指导和管理，组建了财团法人国际研修协力机构（JITCO），其中参与组建的机构有（　　）。

A. 法务省　　　　B. 外务省

C. 通产省　　　　D. 厚生省

E. 建设省

28. 流入韩国的外籍劳动力主要为专业技术人员和单纯技术劳动力，其中专业技术人员主要来自（　　）。

A. 美国　　B. 日本　　C. 中国　　D. 加拿大

E. 英国

29. 外籍人居留许可期满后如希望继续留在英国，可向内务部移民国际局申请居留延期。申请之际须同时提交下列材料（　　）。

A. 有关部门所定标准的证明

B. 护照、劳动许可证

C. 警察署登记注册证明或就业资格证明

D. 雇主及当事外籍劳动者同意批准申请所附带的一切条件保证书

E. 雇主同意继续雇佣的证明及保证该外籍劳动者只从事他所获准的工作的书面材料

30. 构成当今美国移民法的雏形的两部法律是（　　）。

A.《移民国际法修正条例》　　　　B.《移民法》

C.《外籍人法》　　　　D.《外籍人归国准备促进法》

E.《移民国别分配法》

三、名词解释（本大题共3小题，每小题3分，共9分）

31. 劳务输出培训制

32. 多头管理

33. 代理服务型模式

四、简答题（本大题共 5 小题，每小题 5 分，共 25 分）

34. 简述第二次世界大战后世界范围内劳动力国际大流动热潮的具体表现形式。

35. 简述法国新接纳的外籍劳动者的特点。

36. 简述我国从 1979 年以来的对外劳务输出渠道。

37. 简述我国在 20 世纪 90 年代初期发展对外劳务输出的必要性和可能性。

38. 发展对外劳务输出有利于现代文化和生活方式的传播，具体表现在哪些方面？

五、案例分析题（本题 10 分）

39. 近些年在国际市场上不断发展壮大的中国承包商有以下类型。

(1) 设计类企业，如中国天辰化学工程公司、中国寰球化学工程公司、天津水泥设计院等，其依靠自身在某专业方向的设计优势，通过培养提高国际商务能力和项目管理能力，逐渐向工程公司转变，有的依靠行业背景，形成了集团化的从设计到施工的能力和专业优势。而且，具有一支素质很高的人才队伍，这支队伍在专业技术、项目开发、融资和商务等方面具有很强的能力。拥有一定的先进技术，具有雄厚的资金和融资能力，在工程承包项目中倾向于为业主提供“咨询设计—融资—建造—运营—合资合作”一条龙的整体服务，许多公司可以从项目立项阶段就开始介入，公司高端的项目设计和综合运筹管理、融资实力十分雄厚。

(2) 综合类工程施工企业，如中建总公司、中国土木工程公司等大量的国家级企业和地方企业，依靠公司优势和自身专业特点，项目拓展面比较宽，所遇到的行业风险较小，经过多年的市场锤炼和磨合，已经初步具备较好的项目总设计和综合管理能力，这也是这类企业近几年发展比较稳定的重要因素之一。综合类工程施工企业所进行的国际工程承包项目领域，是中国大部分的国际工程承包业务的集中领域，取得了很好的发展并带动了大批的材料、设备和劳务出口。

(3) 外经型类企业，如中国机械设备进出口公司、中国技术进出口总公司、中国成套设备进出口总公司、中国万宝工程公司、北方国际合作股份有限公司等，这些公司具有较强的商务能力和一定的市场资源整合能力，有的企业还具备一定的融资能力，建立了较为丰富的营销和信息网络，形成了一些成熟的市场。采用EPC、BOT方式总承包工程，将工程承包作为带动成套设备出口的基础业务，以工程承包开路，在援外优惠贷款下到境外开展合资合作。然而，这类企业缺乏必要的专业技术、项目的设计能力和施工能力，需要加大与设计类企业和施工企业的合作力度以便扩展业务和提高项目运作能力。

(4) 生产型类企业，如中兴通讯、华为、哈电集团等，这类企业依靠其专业技术优势向国际市场拓展，但基本是在其所属的行业内通过承包工程、销售产品设备来参与运营。

总之，我国对外承包工程发展正进入一个非常好的发展时机，随着中国经济的不断增长和综合国力的增强，随着我国对外开放的扩大，中国的对外援助项目也在继续增加，这将为中国企业拓展业务提供更多的机会和平台。

问题：

(1) 我国在对外劳务输出事业中有何竞争优势？

(2) 请结合材料谈谈我国对外劳务输出发展方向。

六、论述题（本大题共2小题，每小题8分，共16分）

40. 试述劳务输出对菲律宾经济的影响。

41. 试述亚太主要国家和地区（如日本、中国台湾、中国香港、韩国、新加坡等）劳动力短缺的具体表现。

全真模拟演练（三）参考答案及解析

一、单项选择题（本大题共 20 小题，每小题 1 分，共 20 分）

1. C　2. B　3. B　4. A　5. C
6. A　7. A　8. A　9. C　10. B
11. B　12. A　13. C　14. A　15. C
16. A　17. B　18. D　19. A　20. C

二、多项选择题（本大题共 10 小题，每小题 2 分，共 20 分）

21. BCD　22. BCDE　23. ABCDE　24. ABCDE　25. ABCDEF
26. ABE　27. ABCDE　28. ABDE　29. BCE　30. BE

三、名词解释（本大题共 3 小题，每小题 3 分，共 9 分）

31. 劳务输出培训制是指所有派往国外的人员离境前必须接受时长不等的出国前教育，培训内容主要是介绍驻在国的国情、法律等，经考核合格者颁发培训证书，凭证书申办出国手续的劳务输出制度。(3 分)

32. 多头管理是职责不明确、架构不清楚的代名词。也就是说，同一个人或同一个部门，有两个人以上可以指挥或管理，导致下级人员无所适从，不知听哪一个的好。(3 分)

33. 代理服务型模式是指国内一次性收费，公司与劳务签订有偿性服务合同，工人工资归个人所有，工人与国外雇主直接签订雇佣合同的服务模式。(3 分)

四、简答题（本大题共 5 小题，每小题 5 分，共 25 分）

34. 第二次世界大战后世界范围内劳动力国际大流动热潮的具体表现形式有如下几点。

(1) 20 世纪 50 年代后，葡萄牙、意大利等南欧国家，以及土耳其、黎巴嫩、阿尔及利亚等地中海沿岸的贫困国家的剩余劳动力纷纷涌向德国、法国、瑞士等北欧与西欧的经济崛起国家。(3 分)

(2) 墨西哥和加勒比海沿岸的劳动者大量涌向美国及加拿大。(1 分)

(3) 英国吸收了大批原殖民地的移民。(1 分)

35. 法国新接纳的外籍劳动者的特点有如下几点。

(1) 职业资格等级提高了，简单的体力劳动者减少，而技术工人及管理人员增多。(2 分)

(2) 从事第三产业中服务行业与销售行业的人员增加。(2 分)

(3) 女性外籍劳动者增多。(1 分)

36. 我国从 1979 年以来的对外劳务输出的渠道主要有如下几种。

(1) 中国的对外劳务输出主要是在对外经济合作框架之下由对外承包工程和对外劳

务合作这两个渠道展开的。(2分)

(2) 在国外兴办独资、合资经营企业派出管理人员、技术人员及技术培训人员。(1分)

(3) 通过成套设备和技术出口带出劳务。(1分)

(4) 通过民间渠道进行劳务输出。(1分)

37. 必要性有如下三点。

(1) 因发展资金不足，国际收支不平衡等困难，开始进入了偿还国际债务的高峰期。(1分)

(2) 外贸出口条件差、出口产品技术含量低、增值能力低。(1分)

(3) 依靠国内积累和引进外资又并不能完全弥补发展资金的不足。(1分)

可能性有如下两点。

(1) 我国劳动力资源丰富，适合发展劳务输出；(1分)

(2) 发展劳务输出既无须巨额投资，也无须大量资源，便可以增加一个获得发展资金的"新源泉"。(1分)

38. 发展对外劳务输出有利于现代文化和生活方式的传播，具体表现在以下方面。

(1) 可以通过务工人员到国外走南闯北，脱离小农经济落后的生产生活方式，接受最新现代文明的熏陶，接受市场经济洗礼。(1分)

(2) 可以通过大批外出务工返乡创业，彻底改变闲散劳动力"半闲半做"的懒散生活，促进社会的改革、发展和稳定，让外出务工者告别过去保守、狭隘的落后思想，逐步成为先进文化的传播者和精神文明建设的带头人；(2分)

(3) 可以通过大规模的人口流动，推动城乡二元结构向一元结构演变，彻底打破一系列制度性障碍，促进政府管理创新和社会变革，以人为本，打造诚信环境，建立和谐社会。(2分)

五、案例分析题（本题10分）

39. (1) 我国对外劳务输入事业的优势有以下几点。①健全的工业体系有利于支撑我国的对外贸易事业。(2分) ②廉价且素质较高的劳动力为对外劳务输出事业提供充足的人力资源。(2分) ③发达国家结构性缺员现象严重，将进一步考虑放宽劳务引进。(2分)

(2) 我国对外劳务输出发展方向有以下几点。①加强政府的监管和服务功能。(1分) ②大力发展高技术劳务的对外输出。(1分) ③大力发展服务业劳务的对外输出。(1分) ④大力发展农业劳务的对外输出。(1分)

六、论述题（本大题共2小题，每小题8分，共16分）

40. 劳务输出对菲律宾经济的影响主要有以下几点。

(1) 获得巨额的外汇收入。(2分)

（2）改善国际收支平衡。（2 分）

（3）带动了一批工业制品和其他产品的出口，从而增加了外汇收入。（2 分）

（4）缓和了国内失业问题的压力，提高了海外就业者的工资收入，培养了技术人才。（2 分）

41.（1）日本方面：日本虽然调整了产业结构并向国外转移了部分产业以缓和劳动力供需矛盾，但是，它在工业化国家中劳动力的老化最为严重，因此容易出现劳动力不足的情况。（2 分）

（2）中国台湾方面：中国台湾的失业率比较低，劳动力短缺将成为其经济建设的巨大障碍。由于工业部门不愿花费过多的钱雇佣当地的高价劳动力，一些公司无法找到其所需的劳动力，正计划输入外部劳工。（2 分）

（3）中国香港方面：在中国香港，随着中国内地经济改革和内地经香港出口的激增，劳动力短缺在 20 世纪 80 年代开始出现，尽管其制造业工作岗位跨越边界进入广东，可是它对劳工的需求仍然有增无减。（2 分）

（4）韩国、新加坡方面：韩国、新加坡在 20 世纪七八十年代解决了它在五六十年代曾面临的严重失业问题，也面临劳动力结构性的短缺问题。（2 分）

全真模拟演练（四）

（考试时间150分钟）

总分		题号	一	二	三	四	五	六
核分人		题分	20	20	9	25	10	16
复查人		得分						

一、单项选择题（本大题共20小题，每小题1分，共20分。在每小题列出的四个备选项中只有一个是符合题目要求的，请将其代码填写在题后的括号内。错选、多选或未选均无分）

1. 亚洲历史上最大的一次国际人口迁移也因（　　）两国的分治而暴发。

A. 以色列和巴勒斯坦　　B. 英国和法国

C. 伊朗和伊拉克　　D. 印度和巴基斯坦

2. 中国对外劳务输出的主要市场是（　　）。

A. 欧美市场　　B. 大洋洲市场

C. 非洲市场　　D. 亚洲市场

3. 狭义的国际移民指以定居为目的，迁徙至另一国家并居留（　　）个月以上人员。

A. 3　　B. 6　　C. 9　　D. 12

4. 现代科技发展日新月异，日益成为国际劳务市场发展主力的劳务类型是（　　）。

A. 能源型劳务　　B. 劳动密集型劳务

C. 技术型劳务　　D. 要素性劳务

5. 印度输出劳务的主要目的地是海湾国家，其中最多的是（　　）。

A. 伊拉克　　B. 伊朗

C. 叙利亚　　D. 沙特阿拉伯

6. 印度劳务输出对国内的主要贡献就是（　　）。

A. 教育　　B. 侨汇

C. 技术　　D. 国外的先进管理经验

7. 巴基斯坦为了向归国劳务移民提供就业咨询和建议，指导他们投资、经商或寻找其他自谋职业的门路，成立了（　　）。

A. 海外劳务公司　　B. 海外人事局

C. 对外移民总署　　D. 回国移民恢复正常生活部际委员会

8. 世界海员劳务输出最多的国家是（　　）。

A. 印度　　B. 菲律宾

C. 新加坡　　D. 印度尼西亚

9. 澳大利亚最早的有关移民和劳务输入的规定是（　　）年。

A. 1810　　B. 1820　　C. 1830　　D. 1840

10. 1982 年，澳大利亚移民政策的宗旨是（　　）。

A. 服务国外移民

B. 建设国家

C. 提倡人道主义精神，积极接受国际难民

D. 为个别部门发生的劳动力短缺补充人员，同时从长远考虑减少澳大利亚对移民的依赖程度

11. 1989 年澳大利亚联邦政府为了协助移民部门和教育部门确定移民的技能要求，建立了（　　）。

A. 移民技能和资格委员会　　B. 国家移民技术识别办公室

C. 国家移民识别组　　D. 国家移民审核组

12. 每年都有数以万计的人移民到澳大利亚，从技术移民的情况来看，人数总量排第三的是（　　）。

A. 英国　　B. 印度

C. 美国　　D. 中国

13. 英国政府在 1902 年就设置了限制移民的立法劝告委员会，开始有选择地限制外籍人的迁入，于 1920 年颁布了（　　）。

A.《英联邦移民法法案》　　B.《外籍人法》

C.《移民国别分配法》　　D.《移民国际法修正条例》

14. 20 世纪 60 年代，为了有效地控制原英属殖民地市民的迁入，英国于 1968 年颁布了相应的（　　）。

A.《外籍人法》　　B.《英联邦移民法法案》

C.《英联邦移民法》　　D.《移民国际法修正条例》

15. 在北爱尔兰获准受雇的外籍人，劳动许可的发放机构是（　　）。

A. 就业部　　B. 社会保障局

C. 经济开发部　　D. 劳动力服务局

16. 原则上，劳动许可的有效期仅为（　　）。

A. 半年　　B. 一年

C. 二年　　D. 三年

17. 新中国成立初期，我国劳务输出的主要特点是（　　）。

A. 以经济利益为目标　　B. 带有人道主义的色彩

C. 带有很强的战争服务意义　　D. 流动范围非常广

18. 我国真正成熟的对外劳务输出始于（　　）。

A. 1977 年　　B. 1978 年　　C. 1979 年　　D. 1980 年

19. 1979～1984 年为中国对外劳务输出发展的初级阶段，这一时期，劳务输出企业的

设立和审查的机构是（　　）。

A. 对外经贸部　　B. 国务院

C. 外交部　　D. 中国土木工程小组

20. 2012 年，在亚洲国家和地区中，从对外劳务合作项目下派出劳务人数看，排名第一的国家和地区是（　　）。

A. 中国澳门　　B. 中国香港

C. 日本　　D. 中国台湾

二、多项选择题（本大题共 10 小题，每小题 2 分，共 20 分。在每小题列出的五个备选项中至少有两个是符合题目要求的，请将其代码填写在题后的括号内。错选、多选或未选均无分）

21. 世界主要劳务市场有（　　）。

A. 欧美市场　　B. 亚洲市场

C. 非洲市场　　D. 拉美市场

E. 大洋洲市场

22. 当今国际移民迁移类型中以跨国迁移者的目的为主要标准分为（　　）。

A. 工作性迁移　　B. 团聚性迁移

C. 学习性迁移　　D. 投资性迁移

E. 休闲性和托庇性迁移

23. 从经济方面来说，劳动力的国际流动能够引起的变动因素是（　　）。

A. 国民生产总值　　B. 国民总收入

C. 国内社会保障　　D. 工资水平

E. 世界生产总值

24. 私营招募机构或公司在亚洲劳务输出国的招募和安置劳务输出人员的活动中相当活跃，它们的特点有（　　）。

A. 接受信息快　　B. 反应灵敏

C. 办事效率高　　D. 盲动性和随意性

E. 高营利性

25. 最低海外就业标准的内容包括（　　）。

A. 最低工资标准　　B. 福利待遇标准

C. 带薪休假　　D. 工资补贴

E. 合同期满后的遣返费用

26. 澳大利亚主要的移民选择标准包括（　　）。

A. 移民者的身高　　B. 移民者的家庭背景

C. 移民的劳动力　　D. 种族

E. 性别

27. 在第二次世界大战后早期，工业生产和建设对非技术劳动力的需求引发了澳大利亚战后第一次移民潮，移民通常被分配到的行业部门是（　　）。

A. IT 行业　　B. 制造业　　C. 建筑业　　D. 农业

E. 采矿业

28. 20 世纪 70 年代，澳大利亚政府对原有的非技术移民政策及时做出了适应性调整，原因有（　　）。

A. 国际形势发生巨大变化，所谓的共产主义的“威胁”已不再成为威胁

B. 日本及亚洲“四小龙”经济迅速崛起

C. 经济全球化进程在加速发展，拥有高新技术的人才已成为参与国际竞争的重要方面

D. 澳大利亚国内经济的重建与发展已粗具规模

E. 美国、加拿大等传统移民国家也将技术移民的选择作为移民政策的一个重要方面

29. 非澳大利亚国籍的移民没有（　　）。

A. 获得专门工作的机会平等的权利　B. 担任同等职位方面的权利

C. 选举权　D. 被选举权

E. 言论自由权利

30. 英国的殖民地主要在（　　）。

A. 亚洲　B. 欧洲　C. 非洲　D. 北美洲

E. 拉丁美洲

三、名词解释（本大题共 3 小题，每小题 3 分，共 9 分）

31. 国际移民

32. 侨汇

33. 劳务输出代理制

四、简答题（本大题共 5 小题，每小题 5 分，共 25 分）

34. 简述国际移民产生的原因。

35. 简述巴基斯坦劳动输出政策。

36. 简述印度尼西亚劳务输出的管理与政策。

37. 简述英国劳动许可的发放前提。

38. 1973年以来，联邦德国对外籍劳动者政策的特点有哪些？

五、案例分析题（本题10分）

39. 目前，我国政府与国外政府签订的双边劳务协定数量之多，是前所未有的，因而推动了我国对外劳务的发展。例如，外派劳务经营公司比较关心的韩国农业研修生问题（商务企业派遣的研修生脱岗率高、收费高，导致了韩国对商务系统公司的疑虑。2002年11月底，韩国驻华使馆就此问题正式分别照会商务部、劳动部，并告知将正式照会外交部），经商务部的积极协调，政府有关管理部门已经正式做出决定，由商务部牵头与韩国进行谈判，为此外交部已正式照会韩国驻华使馆。应该讲，由商务部牵头与韩国谈判的结果是实力的体现，商务系统无论在机制上还是组织行为上都远胜于境外就业中介机构。

由商务部牵头的另一个含义就是派遣赴韩国农业研修生的企业，不论是商务部系统的，还是劳务部系统的，都要按照一个模式进行管理，按照一个标准收费。

在双方政府的关怀下，中韩双边经贸往来越来越密切。所有这些都说明，只要政府重视合作，加强双边往来，就能够赢得更多的经济合作机遇。今后，各级政府应进一步发挥协调者的作用，围绕各地区的具体情况，多与我国劳务合作伙伴签订双边友好协定。

问题：（1）在国家层面上对劳务输出事业应如何加强管理，开辟环境？

（2）请谈谈您对促进中国劳务输出事业发展的战略和对策。

六、论述题（本大题共2小题，每小题8分，共16分）

40. 试述中国对外劳务输出的现状。

41. 试述中国劳务输出的主要障碍因素。

全真模拟演练（四）参考答案及解析

一、单项选择题（本大题共 20 小题，每小题 1 分，共 20 分）

1. D	2. D	3. D	4. C	5. D
6. B	7. D	8. B	9. C	10. D
11. B	12. D	13. B	14. C	15. D
16. B	17. B	18. C	19. A	20. C

二、多项选择题（本大题共 10 小题，每小题 2 分，共 20 分）

21. ABCDE	22. ABCDE	23. ABDE	24. ABCD	25. ABCE
26. CDE	27. BCDE	28. ABCDE	29. CD	30. ACDE

三、名词解释（本大题共 3 小题，每小题 3 分，共 9 分）

31. 国际移民：离开本人祖籍国或此前的常住国，跨越国家边界，迁徙另一国家的人。广义的国际移民包括所有跨国流动人员，不受迁徙原因、迁徙时间和迁徙空间限制。(3 分)

32. 侨汇：侨居在国外的本国公民或侨居在本国的外国公民汇回其祖国的款项。(3 分)

33. 劳务输出代理制：劳务输出人员的选拔、培训及派出过程中，全部手续一般是由劳务出口代理公司办理的。(3 分)

四、简答题（本大题共 5 小题，每小题 5 分，共 25 分）

34. 国际移民产生的原因如下。

(1) 全球化的后果。国际移民伴随着资本、商品、文化、信息等要素的加速流动而不断高涨，移民也是全球化的表现之一，现代化的通信工具使人们极为直观、迅速地目睹富裕和安全等方面的巨大差异，快捷安全的交通工具为人们的跨国流动提供了前所未有的便利，文化的日益全球化特别是西方强势文化的全球性扩张，也进一步造成了国际移民数量的高居不下。(1 分)

(2) 经济上的原因。国际移民最显著的原因在于世界各地区经济发展的不平衡，在于收入、就业、社会福利等方面存在差异。(1 分)

(3) 发达国家自身经济体制内的原因。发达国家的工人不愿意从事低报酬、不稳定、没有技术的工作，而这种对初级劳工的需求又不能像以前那样由妇女和童工来满足。加之，许多人属于无证或非法移民，也不得不从事这类工作。(1 分)

(4) 政治方面的原因。诸如外部强权介入，国家领土的变更、政权的更迭、种族或民族矛盾冲突所导致的动乱和战争，以及政治和宗教迫害等，都直接造成了当代规模巨大的难民潮。(1 分)

(5) 跨国移民网络的原因。①基于宗族、语言、宗教、血缘等共同性而形成的各种移民网络，可以为后来者提供各种形式的支援，如提供信息、经济帮助、工作介绍、住宿等，这就大大降低了移民的成本和风险。②西方国家移民政策的原因。西方某些国家的公民入籍法律和政策，在一定程度上也鼓励了国际移民的迁移，还有就是非法移民的加剧。(1 分)

35. 巴基斯坦主要通过五种方式输出劳务。

(1) 巴基斯坦政府历来都很重视劳务输出工作。(1 分)

(2) 建立海外巴基斯坦人基金会。(1 分)

(3) 设立专门机构管理。(1 分)

(4) 实施福利援助计划，鼓励海外就业。(1 分)

(5) 对归国劳工实行积极的重新安置就业计划。(1 分)

36. 印度尼西亚劳务输出的管理与政策。

(1) 加强领导，整顿劳工供应工作。(1 分)

(2) 制定政策，颁布条例，有对出国劳工的规定、对外国雇主的规定、对国内劳工供应公司的规定。(1 分)

(3) 优惠待遇，简化手续，对劳务输出人员的管理都极为细致严格。(1 分)

(4) 加强培训，提高素质。(1 分)

(5) 开展协作，流向多元化。(1 分)

37. 英国劳动许可的发放前提如下。

(1) 外籍劳动者确实受雇于有空缺岗位的部门，并具备符合该空缺岗位的技术资格。(1 分)

(2) 其雇主已通过职业介绍机构进行了为期四周的招工努力，但仍未招聘到适合此空缺岗位的英籍劳动者或欧盟成员的劳动者。(2 分)

(3) 该劳动许可申请是由雇主就特定的工作提出，且外籍劳动者的工资待遇及工作条件均不低于本地区相同工种的标准。(2 分)

38. 特点如下。

(1) 严格限制外籍人在该国就业。联邦德国自 1973 年 11 月开始严格限制新的劳务输入，并于 1974 年 11 月 13 日发文通告，1985 年 4 月开始加强对非法雇佣行为的处置。(1 分)

(2) 督促居住该国的外籍劳动者归国。为敦促外籍劳动者早日回国，联邦德国政府一是用法律限制他们在该国的停留；二是对归国者进行奖金援助。(2 分)

(3) 为实现国内安定而推行民族融合政策。在 1978 年“外国人法”与有关劳动许可修改后，开始向符合条件的外籍人及其家属发放长期居留许可、居留资格和长期特别劳动许可，并逐渐向其家属开放劳动力市场，为使居住的外籍人能尽快地适应德国的社会、民俗，联邦德国政府还积极加强对他们的德语教育与职业培训。(2 分)

五、案例分析题（本题 10 分）

39. (1) 完善中国对外劳务输出的部门管理体制，(1 分) 加强劳务输出立法，(2 分)，加强对外沟通交涉。(2 分)

（2）在国家层面上对劳务输出事业加强管理，开辟环境；（1 分）完善对外劳务输出的保障制度和促进体系；（2 分）；提高对外输出劳务人员的素质（2 分）。

六、论述题（本大题共 2 小题，每小题 8 分，共 16 分）

40. 答案要点。

（1）我国对外劳务合作业务总体继续保持一定规模。（1 分）

（2）亚洲、非洲仍是我对外劳务合作的主要市场。目前，中国基本上形成了亚洲为主，非洲、拉丁美洲和南太平洋地区为辅，中东地区稳步恢复，欧洲地区保持稳步增长态势的多元化市场格局；（1 分）

（3）行业分布以制造业为主，但高技术领域有所扩大。我国对外劳务输出的行业种类呈现出由低层次到高层次、由少数行业到多数行业、由体力行业向智能型行业发展的态势。（1 分）

（4）输出人员层次偏低，但高技术人员有所增加。改革开放以来，中国对外劳务合作有了较大的发展，对外输出人员结构不断优化；（1 分）

（5）经营主体数量增加较快。近两年，地方外经企业的经营实力增强，在我国对外劳务合作业务中的比重越来越大，成为我国对外劳务合作的主力军；（1 分）

（6）政府管理、行业自律的格局初步形成，经营秩序相对好转。近两年来，在政府部门、行业组织和经营公司的共同努力下，对外劳务合作行业企业自律意识逐步提高，经营秩序相对好转。（1 分）

（7）不足之处，在整个世界劳务市场上还不占据优势，与世界劳务输出强国相比，仍有很大差距。我国的劳务贸易总额和劳务人数分别只占世界劳务贸易总额和世界劳务总人数的 3%左右，无论是劳动力输出人数，还是劳动承包合同额，抑或创汇收入，不但比不上发达国家，而且还远远落后于许多发展中国家。（2 分）

41. 答案要点。

（1）来自国内的主要障碍。我国劳务输出事业起步较晚，观念尚保守；（1 分）劳务输出人员素质偏低，劳务输出市场狭窄；（1 分）法制不健全，政策法规亟待完善；（1 分）管理水平低下；缺乏对劳务输出的政策支持和对输出人员的保障措施；劳务输出企业竞争力不强；劳务输出信息网络不健全，信息来源渠道少，信息传播渠道不畅。（1 分）

（2）来自国外的主要障碍。第一，国际政治经济环境的制约。①世界贸易组织有关人员流动的规则不够完善。②各国对外劳务政策经常发生变化。③个别国家对我国外派劳务存在歧视。④各国劳务市场非关税壁垒愈演愈烈。（2 分）第二，国际劳动力市场供过于求，劳动力需求结构改变。第三，战乱区风险概率大。①属于纯粹的自然事件或灾害；②由于各种原因中国人遭受袭击。（2 分）

全真模拟演练（五）

（考试时间 150 分钟）

总分		题号	一	二	三	四	五	六
核分人		题分	20	20	9	25	10	16
复查人		得分						

一、单项选择题（本大题共 20 小题，每小题 1 分，共 20 分。在每小题列出的四个备选项中只有一个是符合题目要求的，请将其代码填写在题后的括号内。错选、多选或未选均无分）

1. 菲律宾前总统阿罗约曾在一次国际会议上说“菲律宾保守得最完好的商业秘密”是（　　）。

A. 核心技术的保护　　B. 专利技术的保护
C. 人力资源培养　　D. 信息的公开化

2. 1980 年以来，菲律宾的首位外汇收入来源是（　　）。

A. 椰油　　B. 糖
C. 铜　　D. 劳务输出

3. 孟加拉国的创汇产业中排名第一的是（　　）。

A. 侨汇　　B. 食品业
C. 电子产品业　　D. 成衣业

4. 截至 2009 年 12 月 15 日，韩国在中东地区承包合同金额达 351.5 亿美元，在亚洲达 101.7 亿美元；从承包项目对象国（地区）看，排名第三的是（　　）。

A. 阿联酋　　B. 沙特阿拉伯
C. 阿尔及利亚　　D. 中国

5. 全球社会高龄化最严重的国家是（　　）。

A. 美国　　B. 荷兰
C. 英国　　D. 日本

6. 日本总务省公布的 2010 年 10 月实施的人口普查结果，数据显示，在日本的第一大外国人族群是（　　）。

A. 韩国人　　B. 中国人
C. 美国人　　D. 朝鲜人

7. 1962 年，韩国政府颁布并实施了一项对社会经济发展与出生率的下降起决定性作用的政策，它是（　　）。

A. 计划生育　　B. 人口减少补偿政策

C. 家庭计划政策　　D. 社会福利政策

8. 韩国开始实施研修生制，规模引进外籍劳务是在（　　）年。

A. 1994　　B. 1995　　C. 1996　　D. 1997

9. 金融危机后新加坡调整外劳政策的核心内容是（　　）。

A. 提高雇佣外籍劳工的从业资格　　B. 调高外劳税

C. 改善外籍工人的居住环境　　D. 保证外籍工人的人身安全

10. 劳动力不足的情况更加严峻，政府推算各行业之中人力需求年均增长率最高的行业是（　　）。

A. 商用服务业　　B. 建造业

C. 信息及通信业　　D. 金融服务业

11. 法国现行的居留分为《临时居留许可》和《居住许可两种》。其许可证由（　　）负责发放。

A. 法国总统　　B. 省级警察长官

C. 就业部　　D. 劳动部

12. 总体上看，中国外派劳务以（　　）为主。

A. 资源密集型　　B. 技术密集型

C. 市场密集型　　D. 劳动密集型

13. 1979～1999 年，我国成立的对外合作企业基本都是（　　）。

A. 私营企业　　B. 个体企业

C. 国有企业　　D. 外资企业

14. 《服务贸易总协定》实际主要作用是（　　）。

A. 促进各国贸易的发展

B. 保障了大多数海外劳工的利益

C. 加强了各国间的交流

D. 促进了考察性商务访问和跨国公司内部高层人员的流动

15. 我国制定对外劳务输出的促进和监管政策的部门是（　　）。

A. 国务院　　B. 经济与贸易部

C. 商务部　　D. 外交部

16. 在澳大利亚最早的移民中，居多数的是（　　）。

A. 犯人　　B. 皇室成员　　C. 商人　　D. 技术人员

17. 在第二次世界大战后早期，澳大利亚政府引进移民的主要目标是（　　）。

A. 建设国家　　B. 抵御外敌入侵

C. 接受难民的需要　　D. 弥补国内不足的劳动力

18. 20 世纪 90 年代，澳大利亚移民政策的宗旨是（　　）。

A. 限制移民数量，特别是家庭移民的入境量

B. 为个别部门发生的劳动力短缺补充人员，同时从长远考虑减少澳大利亚对移民的依赖程度

C. 建设国家

D. 提倡人道主义精神，积极接受国际难民

19. 印度输出劳务的主要目的地是海湾国家，其中最多的是（　　）。

A. 伊拉克　　　　B. 伊朗

C. 叙利亚　　　　D. 沙特阿拉伯

20. 印度的投诉机制中，对外国雇主投诉的受理单位是（　　）。

A. 印度政府　　　　B. 移民保护总署

C. 印度驻外使馆　　　　D. 商业部

二、多项选择题（本大题共10小题，每小题2分，共20分。在每小题列出的五个备选项中至少有两个是符合题目要求的，请将其代码填写在题后的括号内。错选、多选或未选均无分）

21. 菲律宾为鼓励海外就业，实施福利援助计划，具体包括（　　）。

A. 为其海外工人提供家庭服务

B. 为其伤、残、病海外工人的子女提供奖学金

C. 帮助工人遣返和由总统向杰出工人颁奖

D. 建立了专门为海外劳工和家属服务的医院，在体检和治病方面提供优惠

E. 从1998年开始，菲律宾政府还规定海外劳工免交个人所得税（税率30%）

22. 目前，泰国政府在许多国家和地区设立了劳务管理机构，这些机构（办事处）主要职责是（　　）。

A. 专门收集、研究当地劳务市场资料，提出市场开发对策，及时反馈给国内

B. 向就业厅海外就业管理局传达当地雇主招聘信息

C. 受权向当地雇主、招聘机构颁发招聘许可证

D. 受国内有关方面委托，对雇主营业执照等经营证明进行验证，视察雇主营业场所

E. 尚未设劳务管理机构的使馆承担在当地工作的泰国劳工的领事保护

23. 印度尼西亚政府为鼓励劳工出口，对以下出国劳工给予优先照顾（　　）。

A. 受过专门培训的中等技校和普通初、高中毕业生而尚未就业者

B. 专业领域人才

C. 被解雇者

D. 工作合同期满者

E. 已向劳工介绍所登记要求出国就业者

24. 在国际建筑市场上，韩国在劳动密集型的建筑工程上竞争力很强，主要原因是韩国承包的工程（　　）。

A. 价格低　　　　B. 质量高

C. 工期短　　　　D. 设计合理

E. 员工素质高

25. 制定并颁布了较为综合性的海外就业法规的国家有（　　）。

A. 印度　　　　B. 菲律宾

C. 泰国
D. 印度尼西亚
E. 孟加拉国

26. 第二次世界大战后，英国本土内劳动力短缺，导致各种移民开始大量涌入。这一时期的移民主要构成是（　　）。
A. 印度尼西亚海啸造成的难民
B. 东欧的政治流放、流亡者
C. 意大利、德国、奥地利、西班牙等西欧与南欧国家出生者
D. 西印度群岛、西非、亚丁、索马里、塞浦路斯、马耳他、印度、巴基斯坦等英属殖民地出身者
E. 新英联邦国家出身者

27. 在英国，管理劳动许可的职能机构是（　　）。
A. 就业部　　B. 劳动力服务局
C. 欧盟　　D. 英国政府秘书办
E. 社会保障局

28. 职业培训与职业经验积累制度的批准实施前提有（　　）。
A. 就业不能确认当事外籍劳动者在接受职业培训或进行职业经验积累后会立即回国
B. 当事外籍劳动者及其雇主必须保证培训或经验积累结束后，该劳动者不能转为正式雇员
C. 外籍劳动者具备该项制度所要求的一切条件，通过培训或经验积累会大有收益，同时能提交所必备的知识与资格证明
D. 外籍劳动者经职业培训所取得的资格回国后能得到承认
E. 进行职业经验积累的外籍劳动者年龄要在18～35岁，并缺乏该项工作经验

29. 20世纪80年代后半期，韩国从劳动力净输出国转变为劳动力净输入国，原因有（　　）。
A. 韩国经济增长迅速，尤其是出口加工型工业的发展对劳动力的需求增加
B. 人口增长率下降
C. 人口增长率上升
D. 韩国技术人员大量外流
E. 出生率低，劳动力供给不足

30. 流入韩国的外籍劳动力主要为专业技术人员和单纯技术劳动力，其中单纯技术劳动力主要来自（　　）。
A. 中国　　B. 德国　　C. 菲律宾　　D. 俄罗斯
E. 乌兹别克斯坦

三、名词解释（本大题共3小题，每小题3分，共9分）

31. 项目制移民工

32. 职业培训与职业经验积累制度

33. 金卡制度

四、简答题（本大题共 5 小题，每小题 5 分，共 25 分）

34. 简述劳动力国际流动的主要形式。

35. 简述泰国劳务输出管理政策。

36. 简述影响对外劳务政策的因素。

37. 政府、行业组织、经营公司之间在对外劳务输出上应如何协调？

38. 简述移民在澳大利亚劳动力市场中的现状。

五、案例分析题（本题 10 分）

39. 新加坡国土面积狭小、资源匮乏，控制外来人口便成了该国的重要课题。故而，尽管近年来该国劳动力严重短缺，企业方面强烈要求输入外籍劳动者，但新加坡政府对外籍劳务的输入一直采取极其慎重的态度，并通过制定出管理法、移民法及对低收入的外籍劳动者发放劳动许可、对高收入的外籍劳动者发放雇佣许可、及时调整外籍劳动者比率和向雇主征收外籍劳动者雇用税等手段，对外籍劳务输入统一管理、严格把关、全面协调。新加坡的劳务输入政策大致有以下几个特点。

(1) 对外籍劳务人员进入没有统一的、具体的、刚性的条件要求，每年也没有固定的接纳数额，而是因时因势，根据国内经济、劳动力市场的具体情况灵活制定，并且所定的条件与具体数额，作为政府的内部政策，不予公开。新加坡的每个企事业单位皆可申请雇佣外籍劳动者，但最后审批权在政府（该国内务部、移民局负责有关外籍劳动者的具体工作），且政府在审批之际，对不同的行业、不同的企事业单位有不同的标准。

(2) 积极接纳中国香港、中国台湾、韩国等地的高层次、高水平的劳动力及有投资能力的经营者，并欢迎其在新加坡定居。

(3) 力争将低学历、低层次的外籍劳务的输入限制在最小的范围。

(4) 低层次外籍劳动者的雇佣税高于高层次外籍劳动者的雇佣税。另外，外籍劳动者雇佣税不是固定不变的，而是随着国内经济状况、雇佣形势及政府政策的改变相应调整。

(5) 对输入家庭保姆不加限制（但雇主要交雇佣税）。

(6) 严厉惩处非法就业、非法入境者。对前者（劳动者、雇主双方）不仅罚款，并处以监禁；对后者除罚款、监禁之外，还要施以鞭刑，然后强制回国。但是，如违法当事人能坦白自首，则从轻处理。

(7) 在劳务输入方面，对近邻马来西亚特别优惠，不但准许其国民自由到新加坡就业，且在新加坡连续三年受雇的马来西亚劳动者可申请永久居住权。

资料来源：袁铁铮．1994．新加坡的劳务输入．中国劳动，(05)。

问题：新加坡劳务输入政策的主要特点有哪些？

六、论述题（本大题共 2 小题，每小题 8 分，共 16 分）

40. 试述劳务输出对巴基斯坦经济的影响。

41. 试述劳务输出对泰国经济的影响。

全真模拟演练（五）参考答案及解析

一、单项选择题（本大题共 20 小题，每小题 1 分，共 20 分）

1. C	2. D	3. D	4. C	5. D
6. B	7. C	8. A	9. B	10. D
11. B	12. D	13. C	14. D	15. C
16. A	17. C	18. B	19. D	20. C

二、多项选择题（本大题共 10 小题，每小题 2 分，共 20 分）

21. ABCDE	22. ABCDE	23. ACDE	24. ABC	25. BCD
26. BCDE	27. AB	28. ABCDE	29. ABE	30. ACDE

三、名词解释（本大题共 3 小题，每小题 3 分，共 9 分）

31. 项目制移民工：由移民工人的雇主带往他国、在一定时期内、从事特定项目工作的工人。(3 分)

32. 职业培训与职业经验积累制度：英国在有关聘用外籍人的规定中，对为掌握特定的技术或为取得某种资格而接受定期培训的外籍劳动者发放劳动许可，这项制度在大不列颠由就业部、在北爱尔兰由经济开发部来具体实施，其主要目的是通过对发展中国家的受雇者进行在其本国不易得到的职业培训来援助发展中国家。(3 分)

33. 金卡制度：为了吸引更多的外国科技人才，2000 年 11 月韩国开始实施相当于美国“绿卡”制度的“金卡”制度，从海外招聘高级人才，以帮助中小风险企业解除高级技术人才的缺口。(3 分)

四、简答题（本大题共 5 小题，每小题 5 分，共 25 分）

34. 劳动力国际流动的形式大致可以分作两类：永久移民式的劳动力国际流动和中短期的劳动力国际流动。(1 分)

(1) 首先，永久移民式的劳动力国际流动一般是同人口的国际迁移结合在一起的，也就是迁居国外，一般不再返回。(2 分)

(2) 其次，中短期的劳动力国际流动是指一国根据国家间签署的有关合同派遣有关人员到劳动力输入国履行合同，一旦完成合同规定的任务后即刻返回，劳动力在国外的滞留时间不像移民那样长久，更不像移民那样一去不复还。(2 分)

35. 泰国劳务输出管理政策如下。

(1) 法律制度——《职业介绍和求职者保护法》，以及两种劳务输出形式。(1 分)

(2) 管理机构——泰国劳工部就业厅海外就业管理局。(1 分)

(3) 政策措施——积极拓展海外就业渠道。(1 分)

(4) 设立海外机构——助力劳务输出。(1 分)

（5）对外派劳务提供资金援助。（1分）

36. 影响对外劳务输出的因素如下。

（1）对外劳务输出是一项较为敏感的商务活动，国际劳务市场受世界经济政治因素影响，对外籍劳务输入的政策经常变化。例如，两伊战争连年不断使劳务市场出现萎缩趋势。（2分）

（2）一国对外劳务政策的变化，还可能出于治理市场经营秩序混乱的考虑。例如，受建筑市场不景气，劳务合作市场经营秩序混乱，劳动纠纷和各种突发事件时有发生等因素影响，新加坡曾一度暂停引进中国建筑劳务。（2分）

（3）一国对外劳务政策的变化也可能因为其自身政策的某些调整。例如，以色列从2004年7月1日开始，政府要求所有外籍劳务的雇主从工人的工资中直接代扣所得税，并将该款项上缴国库。（1分）

37. 应从如下几个方面协调关系。

（1）政府应充分重视对外劳务输出行业的发展，综合运用政治和经济等各种外交手段，按照GATS（服务贸易总协定）的有关原则，加强我国的双边和多边谈判力度。（2分）

（2）作为行业组织的承包商会，要积极与国外有关机构合作，不断开拓欧美等发达国家和地区市场，推动输欧海员、厨师等外派业务的发展。（1分）

（3）建立政府、行业组织、经营公司之间的互动机制，发挥各方优势，在劳务合作业务开拓、巩固工作中，政府、行业组织、经营公司三者缺一不可。（1分）

（4）以经营公司的探索为先导、行业协会间的沟通为催化剂，以政府间谈判、签约为突破口，三方联手互动，从不同层面、不同角度，发挥各自优势开展工作。（1分）

38. 移民在澳大利亚劳动力市场中的现状如下。

（1）移民情况，技术移民所占比重最大，家庭团聚类移民次之，人道主义移民最少。（1分）

（2）移民就业情况，从技术移民的情况来看，来自印度的人数最多，排名第二和第三的是英国和中国。（2分）

（3）移民职工的产业和职业状况，按照就业人数的多少排列，2011年澳大利亚移民就业人数最多的产业是卫生保健和社会援助，其次是专业科学及技术服务行业，再次是制造业，移民职工多集中专业人员、科技及贸易人员、文书与行政人员、经理、工人等职业上。（2分）

五、案例分析题（本题10分）

39. 新加坡劳务输入政策的特点如下。①建立完善的法律体系；（2分）②设立管理机构；（2分）③金融危机后的政策变化；（2分）④调高外劳税；（2分）⑤提高雇佣外籍劳工的门槛和从业资格。（2分）

六、论述题（本大题共 2 小题，每小题 8 分，共 16 分）

40. 答案要点。

（1）大批劳工赴海外为巴基斯坦汇回平衡国际收支的大量外汇，为巴基斯坦的经济发展做出贡献。(4 分)

（2）社会结构的变化。(4 分)

41. 答案要点。

（1）对经济、资源管理和政策制定的影响。(2 分)

（2）对劳务市场的影响，主要表现在工资、技术工人的短缺、下岗工人的培训、输出劳工的数量及以资本来代替劳工等方面。(2 分)

（3）对宏观经济的影响，为本国带来大量的外汇，对本国宏观经济产生一定的影响，对家庭外部影响不大，劳务外汇收入对国际收支产生影响，促进本国商品出口。(2 分)

（4）对家庭经济状况的影响：经济状况大都有所改善。(2 分)

全真模拟演练（六）

（考试时间 150 分钟）

总分		题号	一	二	三	四	五	六
核分人		题分	20	20	9	25	10	16
复查人		得分						

一、单项选择题（本大题共 20 小题，每小题 1 分，共 20 分。在每小题列出的四个备选项中只有一个是符合题目要求的，请将其代码填写在题后的括号内。错选、多选或未选均无分）

1. 当今家庭团聚类跨国移民激增的主要原因是（　　）。

A. 移民网络的存在和发展　　B. 宗教

C. 语言　　D. 血缘

2. 目前我国国际劳务输出的主要市场是亚洲区域，特别是东亚和东南亚地区，占外派劳务总量的（　　）。

A. 二分之一　　B. 四分之三

C. 五分之三　　D. 五分之四

3. 韩国海外承包工程的主管部门是（　　）。

A. 韩国政府　　B. 海外建设工程部

C. 国土海洋部　　D. 海外建设协会

4. 最初，中国香港只批准到港从事家庭服务工作的是（　　）。

A. 菲律宾男性　　B. 中国女性

C. 菲律宾女性　　D. 中国男性

5. 中国香港“资本投资者入境计划”实施时间为（　　）。

A. 2002 年 10 月 26 日　　B. 2002 年 10 月 27 日

C. 2003 年 10 月 26 日　　D. 2003 年 10 月 27 日

6. 全世界最“老”的国家是（　　）。

A. 美国　　B. 荷兰

C. 英国　　D. 日本

7. 雇主从雇佣事务所或工作中心领取固定格式的申请表，填好后交到指定部门审批。从审批到获准，至少需要（　　）时间。

A. 三周　　B. 六周

C. 九周　　D. 十二周

8. 世界上最大的移民接纳国家是（　）。

A. 日本　　B. 英国

C. 加拿大　　D. 美国

9. 1965 年 10 月美国政府颁布了《移民国际法修正条例》，首次明确规定，欲招募外籍劳动者的雇主必须事先得到（　）的批准。

A. 国务大臣　　B. 劳工长官

C. 议会大臣　　D. 总统

10. 较之旧移民法，美国新移民法改动最大之处是（　）。

A. 移民总数上限的改动　　B. 移民身份的审核

C. 构成人员的改动　　D. 接纳移民所在国的改动

11. 移民美国人数最多的是（　）。

A. 欧洲　　B. 美洲　　C. 非洲　　D. 亚洲

12. 建立政府、行业组织、经营公司之间的互动机制，发挥各方优势，其中，作为催化剂的是（　）。

A. 行业协会间的沟通　　B. 政府间谈判、签约

C. 政府制定法律　　D. 经营公司的探索

13. 出国劳务人员与经营公司签订的合同叫（　）。

A.《雇佣合同》　　B.《外派劳务合同》

C.《对外劳务合作合同》　　D.《雇佣关系合同》

14. 经营公司与外国雇主签订的合同叫（　）。

A.《外派劳务合同》　　B.《雇佣合同》

C.《雇佣关系合同》　　D.《对外劳务合作合同》

15. 第二次世界大战期间，我国劳动力国际流动的最大特点是（　）。

A. 带有很强的战争服务意义　　B. 以经济利益为目标

C. 带有人道主义的色彩　　D. 流动范围非常广

16. 新中国成立初期，我国劳务输出的主要特点是（　）。

A. 以经济利益为目标　　B. 带有人道主义的色彩

C. 带有很强的战争服务意义　　D. 流动范围非常广

17. 20 世纪 70 年代，我国的劳务输出项目的主要特点是（　）。

A. 以经济利益为目标　　B. 带有人道主义的色彩

C. 流动范围非常　　D. 带有浓厚的政治意图

18. 泰国外派劳务管理的具体执行部门是（　）。

A. 泰国劳工部就业厅海外就业管理局　B. 泰国劳工和社会福利部

C. 泰国政府　　D. 泰国外交部

19. 印度尼西亚劳工最集中的国家是（　）。

A. 中国　　B. 马来西亚

C. 印度　　D. 沙特阿拉伯

20. 1981～1983 年，成了世界上仅次于美国的第二大建筑劳务输出国的是（　）。

A. 韩国　　B. 美国
C. 中国　　D. 印度

二、多项选择题（本大题共 10 小题，每小题 2 分，共 20 分。在每小题列出的五个备选项中至少有两个是符合题目要求的，请将其代码填写在题后的括号内。错选、多选或未选均无分）

21. 劳动力流动继续保持较快增长的原因有（　　）。
A. 各国对劳动力流动的限制逐步放松
B. 经济全球化的发展
C. 国家间依存度的增加
D. 交通运输的改善
E. 许多发达国家人口增长率低和劳动力成本高

22. 人才要实现国际流动，必然要付出一定的代价，这些代价就形成了劳动力资源流动的成本，主要包括（　　）。
A. 直接成本　　B. 机会成本
C. 心理成本　　D. 沉没成本
E. 风险成本

23. 劳动力国际流动的形式大致可以分作两类，主要是（　　）。
A. 永久移民式的劳动力国际流动　　B. 暂时性的劳动力国际流动
C. 长期劳动力国际交流　　D. 中短期的劳动力国际流动
E. 中长期的劳动力国际流动

24. 在亚洲，除中国之外，其他的主要劳务输出国有（　　）。
A. 孟加拉国　　B. 印度
C. 印度尼西亚　　D. 日本
E. 尼泊尔

25. 印度劳工的优势（　　）。
A. 语言
B. 普遍能吃苦，服务意识强
C. 印度的高等教育水平较高，采用英国式的教育体制，比较容易得到西方国家的认可
D. 人际关系网络较为健全
E. 人力资源相当丰富，劳动力便宜

26. 巴基斯坦政府为了加大劳务输出，先后成立了（　　）。
A. 海外劳务公司　　B. 海外务工基金会
C. 海外巴侨基金会　　D. 移民和海外就业局
E. 海外巴基斯坦人基金会

27. 菲律宾最有竞争力的服务领域是（　　）。
A. 医生　　B. 律师
C. 工程师　　D. 海员

E. 家佣

28. 1986 年、1989 年和 1990 年这三年，劳务输出年末在外人数出现了负增长，主要原因有（　　）。

A. 劳务输出起点较低

B. 石油价格下落带来的中东建筑市场的萎缩

C. 海湾战争带来的中东建筑市场的萎缩

D. 与外国劳工的竞争激烈

E. 国家禁止对外劳工的输出

29. 国际劳务输出的特点有（　　）。

A. 投资少　　　　B. 投资容易

C. 风险小　　　　D. 兑现及时

E. 收效快

F. 技术型劳务输出占比低，结构不合理，高级劳务储备不足

30. 现行的《办理劳务人员出国手续的办法》的主要内容可以概括为三点（　　）。

A. 公安部门对办理护照把关

B. 商务部门审查外派劳务项目

C. 外事部门负责签证管理

D. 商务部门对办理护照把关

E. 公安部门审查外派劳务项目

三、名词解释（本大题共 3 小题，每小题 3 分，共 9 分）

31. 永久移民式的劳动力国际流动

32. 代理型模式

33. 价格竞争

四、简答题（本大题共 5 小题，每小题 5 分，共 25 分）

34. 简述当代国际移民发展趋势。

35. 简述移民在澳大利亚劳动力市场中的现状。

36. 中国丰富的劳动力给劳务输出提供了可能，简要回答我国丰富劳动力产生的原因。

37. 论述中国发展劳务输出事业的发展前景。

38. 我国外派劳务人员相对层次较低，以普通劳务为主，不能满足发达国家劳务市场对高素质人才的需求，应怎么改变？

五、案例分析题（本题 10 分）

39. 据《汉城新闻》《亚洲华尔街日报》等报刊披露，20 世纪 70 年代，韩国有 122 个公司得到批准在海外从事建筑业，其中有 80 个公司在 36 个国家承包高速公路、住宅、港口、海军基地、造船厂、石油化工厂等各项工程，共派出 11 万名员工，其中派到中东地区的占总数的 94%，东南亚地区的占 3%，太平洋地区占 1%，非洲地区占 1.4%，拉美地区占 0.1%。在这些员工中，技术人员和工人占 75%，行政人员占 25%。韩国在国外的承包工程从 1966 年的 1100 万美元增加到 1978 年的 56 亿美元，猛增了 508 倍。80 年代以来，韩国一方面继续争揽一般的土木工程项目，同时还承接技术密集型的大型工程，以及造船、机械、水泥、石油化工等工业项目，承包合同总额又有了迅速的增加，1981 年达到最高峰，创下了 136.81 亿美元的最高纪录，其中 92% 来自中东。1981～1983 年，韩国成了世界上仅次于美国的第二大建筑劳务输出国。

问题：韩国劳务输出政策的主要内容及其特征有哪些？

六、论述题（本大题共 2 小题，每小题 8 分，共 16 分）

40. 试述国际劳动力流动的发展趋势。

41. 试述新加坡金融危机后的政策变化。

全真模拟演练（六）参考答案及解析

一、单项选择题（本大题共 20 小题，每小题 1 分，共 20 分）

1. A	2. B	3. C	4. C	5. D
6. D	7. B	8. D	9. B	10. A
11. D	12. D	13. B	14. D	15. A
16. B	17. D	18. A	19. B	20. A

二、多项选择题（本大题共 10 小题，每小题 2 分，共 20 分）

21. ABCDE	22. ABCE	23. AD	24. ABCE	25. ABCDE
26. ABCDE	27. DE	28. BC	29. ABCDE	30. ABC

三、名词解释（本大题共 3 小题，每小题 3 分，共 9 分）

31. 永久移民式的劳动力国际流动，一般指同人口的国际迁移结合在一起的，也就是迁居国外，一般不再返回。(3 分)

32. 代理型模式是指本国公司收取介绍费，国外老板与工人签订劳务合同，工人由老板直接管理，本国公司只对介绍负责，不对履行负责，该模式适用于法制完备的国家。(3 分)

33. 价格竞争是指企业运用价格手段，通过价格的提高、维持或降低，以及对竞争者定价或变价的灵活反应等，来与竞争者争夺市场份额的一种竞争方式。(3 分)

四、简答题（本大题共 5 小题，每小题 5 分，共 25 分）

34. 当代国际移民发展趋势如下。

当今世界人口的跨境迁移，无论是距离之远、流量之大乃至构成之丰富，都超过了历史上的任何一个时代，具体来说，1990～2013 年国际移民四种流向呈现以下发展趋势。(1 分)

(1) 由南向北的流动是国际移民的第一大流向，但所占比例并没有人们想象的那么高。(1 分)

(2) 南—南国家之间的移民是国际移民的第二大流向，其所占比例与南—北流向接近。(1 分)

(3) 北—北移民在国际移民中占有重要地位，说明并非所有的移民都迁移到发达国家。(1 分)

(4) 北—南移民在移民总数中占少数。(1 分)

35. 移民在澳大利亚劳动力市场中的现状。

(1) 移民情况，技术移民所占比重最大，家庭团聚类移民次之，人道主义移民最少。(1 分)

（2）移民就业情况，从技术移民的情况来看，来自印度的人数最多，排名第二和第三的是英国和中国。（2分）

（3）移民职工的产业和职业状况，按照就业人数的多少排列，2011年澳大利亚移民就业人数最多的产业是卫生保健和社会援助，然后是专业科学及技术服务行业，再就是制造业，移民职工多集中专业人员、科技及贸易人员、文书与行政人员、经理、工人等职业上。（2分）

36. 我国劳动力丰富的原因如下。

（1）人口总数多，而生产力水平有限。在20世纪90年代中期，我国人口达到12.1亿人，其中劳动力资源约8.2亿人，当时生产力发展水平有限，我国的第一、第二、第三产业吸纳劳动力的能力也十分有限，造成大量的剩余劳动力。（1分）

（2）进入21世纪，我国城镇登记失业率持续呈小幅攀升态势。（1分）

（3）新时期以来，加入WTO所面临的更开放、更激烈的竞争环境，以及国企产权改革持续深入带来的国企职工大规模下岗。（1分）

（4）金融危机下劳动市场的萎缩。（1分）

（5）城镇化大背景下农村剩余劳动力的大规模释放。（1分）

37.（1）我国对外劳务输出事业前景广阔。

第一，健全的工业体系有利于支撑我国的对外贸易事业。中国国内经济建设经过了60多年的发展，初步形成了门类较为齐全的工业和国民经济体系。中国雄厚的工业基础，是吸引国际资本的基石。经过半个多世纪的奋斗，中国建立了独立完整的现代工业体系，门类齐全，工业生产力布局日趋合理。中国工业的发展从加工生产到出口贸易，都为发展国际劳务合作拓宽了道路，奠定了坚实基础。（1分）

第二，廉价且素质较高的劳动力为对外劳务输出事业提供了充足的人力资源。中国拥有丰富的廉价且素质较高的劳动力资源。中国工业生产的高效率、多样化和对外贸易的快速发展，有利于进一步扩大多层次、宽领域的对外劳务合作。（1分）

第三，发达国家结构性缺员现象严重，将进一步考虑放宽劳务引进。首先，一些发展中国家尽管自身劳动力资源丰富，但结构性缺员现象严重，出现了既输出劳务，又引进劳务的现象。其次，发达国家由于人口增长放慢、人口老龄化，劳动力稀缺已成为经济发展的一大制约因素，欧美国家普遍缺乏家政、医护、海员等劳务，日本则从农业到工业，从服务业到高科技行业都存在劳动力不足的现象。（2分）

（2）我国对外劳务输出发展方向。

第一，加强政府的监管和服务功能。

第二，大力发展高技术劳务的对外输出。

第三，大力发展服务业劳务的对外输出。

第四，大力发展农业劳务的对外输出。（1分）

38. 改变如下。

（1）利用劳务输出机构自办的培训学校、各类职业技术学校、技工学校和中专学校。（1分）

（2）还可由拨款建立专门的培训基地，有计划地对劳务输出人员进行培训。（2分）

（3）也可在大专院校设置培训中心，进行有重点的培训，造就一批能够满足欧美市场需要的各类专业技术人员，建立一个充足的技术劳务人员人力资源库。（2分）

五、案例分析题（本题10分）

39. 韩国劳务政策的内容与特征如下。

（1）政府重视，特殊政策支持企业开拓海外市场。（2分）

（2）海外劳务输出扩张版图。（2分）

（3）劳工与设备同时输出。（2分）

（4）政府机构积极促进海外承包工程。（4分）

六、论述题（本大题共2小题，每小题8分，共16分）

40. 答案要点。

（1）劳动力流动继续保持较快增长，国际劳务合作空间广阔，从存量和劳务政策两方面分析。（2分）

（2）国际劳动力流动方向呈现多样化：一般来讲，国际劳动力的流动方向是从发展中国家流向发达国家。（2分）

（3）普通型劳动力的流动趋缓，技术型劳务限制放宽：一些国家和地区奉行保护主义政策，主要是针对普通劳务人员入境设限，从发展趋势看，这种状况不会有太大改观，技术型劳务会日益成为国际劳务市场发展的主力。（2分）

（4）服务业劳务需求明显增长：随着经济发展和生活水平的提高，发达国家和较发达国家的产业结构发生了很大变化，服务业的比重不断上升，社区及公共服务行业的劳动力出现短缺。（2分）

41. 答案要点。

金融危机爆发后，随着新加坡本土失业率的提高，所谓客工跟本地人“抢饭碗”的问题日益凸显，各界要求政府限制外国人才和外国工人以减轻就业压力的呼声日渐升高。（2分）主要措施有如下三项。

（1）调高外劳税。调高外籍工人税（简称外劳税）是金融危机后新加坡调整外劳政策的核心内容。除了外籍女佣，持工作准证的外籍劳工税根据行业和用工比重的不同进行调整，最高可达每月600新元。（2分）

（2）提高雇佣外籍劳工的门槛和从业资格。原来规定非熟练者只需持有相关行业证书便可获得熟练工人资格，但从2009年6月开始，所持有的相关行业证书都须获得所在国当局认可。（2分）

（3）与金融危机前相比，新加坡外劳政策已有了明显的改变，雇佣外籍员工的成本和条件都相应提高。其目的是遏制外籍员工人数迅速增长的势头，减少对外国劳工的依赖，减轻外籍员工对中层经理和执行人员造成的竞争，把外籍员工所占比例控制在三分之一。（2分）

后　记

本书是当代人力资源管理系列教材《国际劳动力市场与海外就业》（曹宗平主编，科学出版社 2015 年版）的配套练习册，也可以作为自学考试的参考用书。

本书由曹宗平教授担任主编，王颖、叶文清、李军华等诸位老师担任副主编，在此对各位老师的辛勤付出表示感谢。

在编写本书的过程中，笔者参考了大量国内外专著、学术期刊和网络资源。这些稀缺的参考资料对本书的顺利完成具有重要的参考价值与借鉴作用，在此特向各位作者致以最崇高的敬意和感谢！受篇幅所限，本书中可能没有一一列举出各位作者，也在此深表歉意！同时，蓝骏东、丁振中、吴思思、余丽红、赵东升、张昆鹏等多位研究生在本书的文献收集整理、初稿校对等诸多方面作出了贡献，也在此一并表示感谢！

由于时间仓促，以及个人能力有限，书中难免存在一些疏漏与不当之处，敬请各位读者不吝指教，以便再版时予以修订。

编　者

2015 年 11 月

